STEVE McQUEEN

Fotografien von JOHN DOMINIS

SCHIRMER/MOSEL

„Erst war McQueen,

und dann kamen
die ganzen anderen Actiondarsteller,
nach ihm."

Alec Baldwin

Gegenüberliegende Seite:
McQueen bei einem zweitägigen Geländemotorradrennen über eine Distanz von 500 Meilen. Mojave-Wüste, Kalifornien. Mai 1963

Folgende Seite:
Ein kräftiger Zug

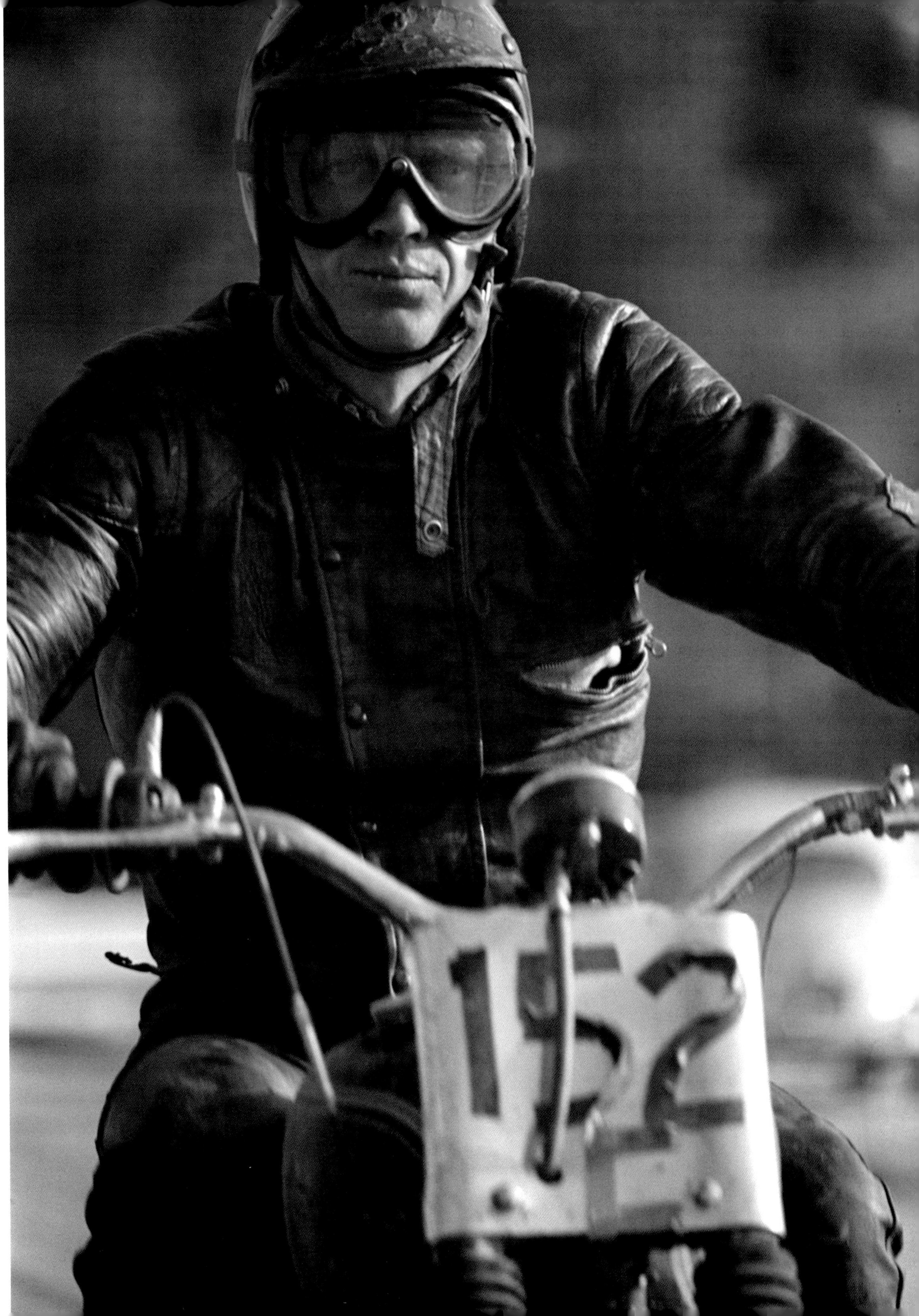

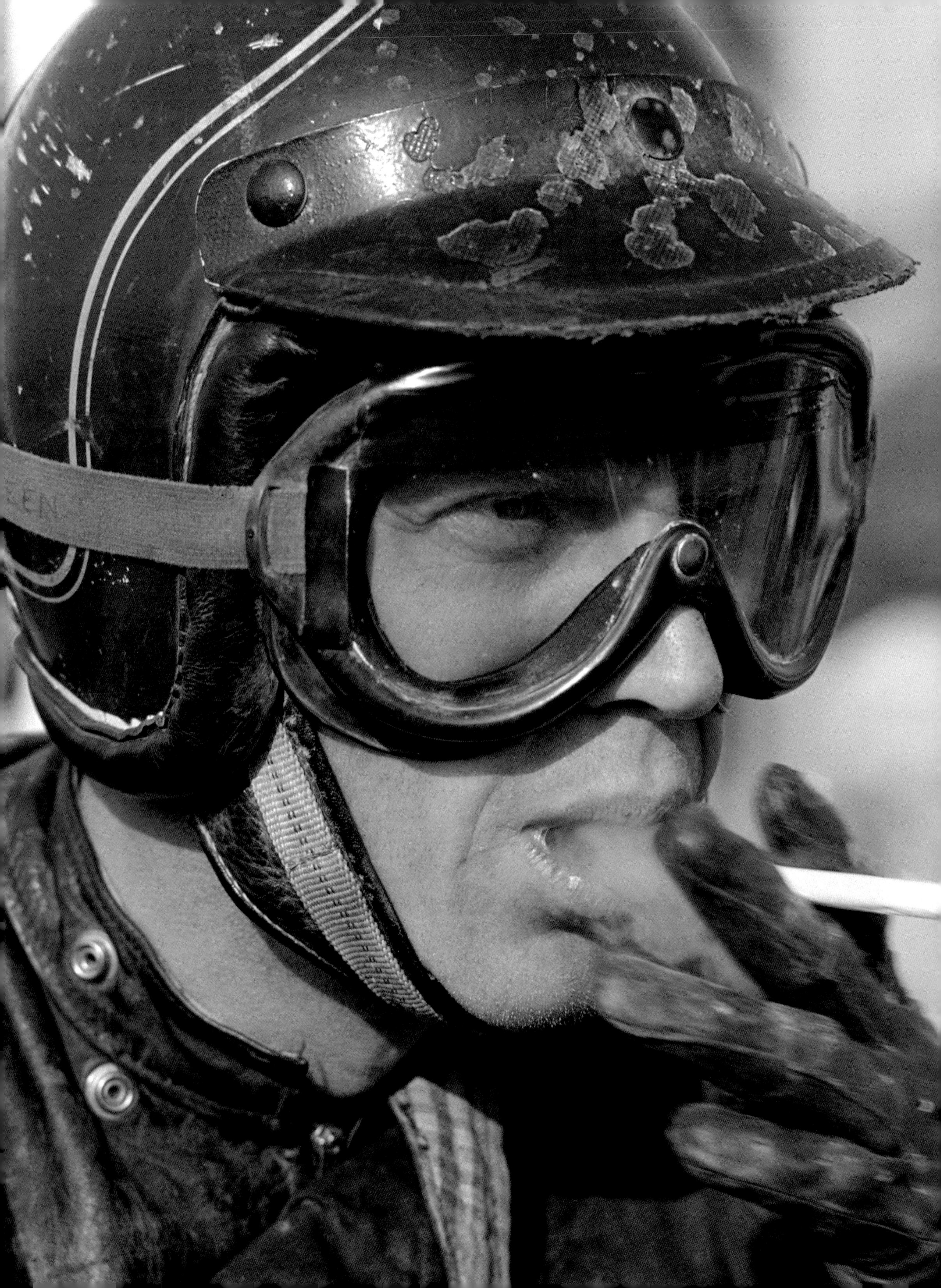

STEVE McQUEEN IN SEINEN BESTEN JAHREN

Neile McQueen Toffel

Ich kam gerade nach dem Tanzunterricht aus der Carnegie Hall, da schlenderte Steve McQueen mit einer Gruppe, zu der auch seine damalige Freundin gehörte, den belebten Gehweg entlang. Als ich an ihnen vorbeiging, blieb Steve ein bisschen zurück, setzte ein breites, entwaffnendes Lächeln auf und sagte: „Hi, du bist aber hübsch!" Mir fiel keine schlagfertige Antwort ein. Beim Anblick seiner unglaublich blauen, irischen Augen blieb mir das Herz stehen, und ich brachte nur „Hi, du aber auch!" heraus. Was rückblickend betrachtet ziemlich lahm war, aber Wunder wirkte. Bei diesen belanglosen Worten funkte es, und mein Leben mit Steve McQueen begann.

Vier Monate danach heirateten wir; die folgenden Jahre bescherten uns zwei Kinder, Terry und Chad (sowie später auch vier Enkel, die Steve leider nicht mehr erleben durfte), und Steve eine große Filmkarriere, die bis heute, dreißig Jahre nach seinem Tod, nichts von ihrem Glanz verloren hat.

So stark wirkt seine Legende immer noch nach.

Die unmittelbare körperliche Anziehung, die wir empfanden, hatte eine (uns damals noch unbewusste) Entsprechung auf einer sehr viel tieferen Ebene. Wir hatten ähnlich schwierige Kindheiten hinter uns. Unser Leben wies nicht unbedingt inhaltliche, auf jeden Fall aber strukturelle Parallelen auf. Beide waren wir Einzelkinder und hatten unsere leiblichen Väter nie kennengelernt. Unsere Mütter waren beide in sehr jungen Jahren zu ihrem Entsetzen schwanger geworden. Steve und ich waren von entfernten Verwandten großgezogen worden. Steve lebte eine Zeitlang in einem Heim für schwer erziehbare Jungen in Chino (der „California Junior Boys' Republic", wie es damals hieß). Ich landete in einem japanischen Konzentrationslager in Manila. Während sich Steve in der Handelsmarine abrackerte, wurde ich nach Rosemary Hall, einem Internat in Greenwich, Connecticut geschickt, damit ich „sicher verwahrt" war, während meine Mutter mit ihrem Freund um die Welt reiste.

Im Heim und in der Handelsmarine entwickelte Steve sein Selbstwertgefühl und begann sich der Welt zu öffnen. An die Zeit in diesen beiden Einrichtungen erinnerte er sich später mit Dankbarkeit und Zuneigung. Sicher gab es die eine oder andere Verfehlung, doch keine davon war so schwerwiegend, dass man ihn aufgegeben hätte. Er lief aus dem Heim weg, wurde wieder eingefangen und bekam von Mr. Panter, dem Heimleiter, den Hosenboden versohlt. Er verbrachte zwei Mal einundzwanzig Tage im Militärgefängnis, weil er sich wegen zwei Mädchen aus Myrtle Beach unerlaubt von der Truppe entfernt hatte. Er fand es nur recht und billig, mit beiden gleich viel Zeit zugebracht zu haben. Außerdem gab es den „Vorfall mit den Dosenbohnen": Steve und zwei seiner Kameraden hatten die gewöhnliche, kalte Soldatenverpflegung satt und versuchten mithilfe von ein paar Dosen mit Schweinefleisch und Bohnen an eine warme Mahlzeit zu kommen; reihum ließ immer einer den Motor ihres Panzers aufheulen, ein zweiter hielt die Büchsen über den Auspuff, und der dritte hielt nach böswilligen Offizieren Ausschau. Die Hitze ließ eine der großen Dosen förmlich explodieren; noch tagelang klebten Bohnen an Jeeps, Panzern und Helmen. Diese Geschichte zu erzählen, bereitete Steve immer ein diebisches Vergnügen.

Doch es gab auch heroische Momente während seiner Zeit in der Marine. Bei einem Übungsmanöver vor der Küste von Labrador lief ein Transportschiff auf eine Sandbank auf; mehrere Panzer wurden mitsamt ihrer Besatzung in die eisigen Gewässer geschleudert. Etliche Männer ertranken. Steve sah einen Marineinfanteristen, der sich mit letzter Kraft an einen aus dem Wasser ragenden Panzerturm klammerte, sprang in das eiskalte Meer und rettete dem jungen Mann das Leben. Der Kommandeur seiner Einheit hob seine Verdienste in einer lobenden Erwähnung hervor. Steves stolzester Moment im Marinekorps jedoch war der Tag, an dem er in die Ehrengarde zum Schutz von Präsident Harry Trumans Yacht aufgenommen wurde – höchstwahrscheinlich in Anerkennung seiner Tapferkeit an jenem kalten Tag im Nordatlantik.

Steve war ein feiner Kerl. Nicht immer liebenswürdig, aber ein feiner Kerl. Er sah die Welt mit den Augen eines Kindes und war sich seiner verlorenen Kindheit sehr genau bewusst. Ich erinnere mich an eine so aufschlussreiche wie anrührende Bemerkung über diese einsamen Jahre: „Wenn ein Kind keine Liebe bekommt, fragt es sich mit der Zeit, ob es vielleicht nicht gut genug ist. Meine Mutter hat mich nicht geliebt. Ich hatte keinen Vater. Ich dachte: Ich tauge wohl nicht allzu viel." Deshalb machte er unseren Kindern von Anfang an klar, dass wir eine Einheit waren, uns liebten und unter allen Umständen füreinander einstehen würden.

Seine Begeisterung für Motoren, Geschwindigkeit und den Rennsport ist mehr als hinreichend belegt. Er sagte einmal, er wüsste nicht, was er eigentlich sei: ein Schauspieler, der Rennen fuhr, oder ein Rennfahrer, der schauspielerte. Doch angesichts der Unsummen, die er mit seinen Filmen verdiente, erübrigte sich die Frage nach einer Alternativkarriere. Bei seinem Tod im Alter von nur fünfzig Jahren verfügte er über eine Sammlung von 135 klassischen Motorrädern und 35 Oldtimern, darunter ein Porsche Spyder, Baujahr 1958 (der jetzt unserem Sohn Chad gehört), ein Jaguar XK-SS mit einem geschätzten Wert von drei Millionen Dollar (nunmehr im Besitz des Petersen Museum) und ein Ferrari Lusso, den ich Steve zum 33. Geburtstag für 14.000 Dollar gekauft hatte (und der seinem Käufer bei der ersten Versteigerung des McQueen'schen Nachlasses in Las Vegas unmittelbar nach Steves Tod später die unglaubliche Summe von 2.300.000 Dollar einbrachte).

Steves Rennfieber begann, als sein Onkel Claude ihm zu Weihnachten ein rotes Dreirad schenkte. Später brachte er es dank seiner Liebe zu schnellen Maschinen und seiner Wendigkeit auf dem Motorrad als Erster vom Fernsehdarsteller zum Hollywoodstar – in dem Film *Gesprengte Ketten*. Fünf Jahre später kam *Bullitt* mit der wohl atemberaubendsten Autoverfolgungsjagd aller Zeiten und besiegelte seinen Status als Superstar. Ein weiterer Film mit dem Titel *Le Mans* wurde zum Kultklassiker, obwohl ihn die Kritiker beim Kinostart wegen der zu dürftigen Handlung einhellig verrissen hatten.

Steve sagte einmal: „Wie beim Stierkampf geht es beim Rennen nicht nur um die Gefahr, sondern auch um die großartige Dramatik und nicht zuletzt um den Stil."

Was nicht heißen soll, dass er in seinen Filmen nichts weiter tat, als mit Motorrädern und schnellen Autos durch die Gegend zu brettern. Für seine Rolle in *Kanonenboot am Yangtse-Kiang* erhielt er eine Oscarnominierung. Er kannte seine Stärken und Grenzen als Schauspieler, hatte in den drei Jahren daran gefeilt, die seine Fernsehshow *Wanted: Dead or Alive* (deutsch: Josh/Der Kopfgeldjäger) lief und mit der er sich einen Namen machte. Er war ein waschechter Filmstar. Ein Musterbeispiel dafür ist die Nahaufnahme in *Thomas Crown ist nicht zu fassen*, als er im Flugzeug sitzt und die Sonnenbrille abnimmt, nachdem er seine Verfolgerin, eine hochkarätige Versicherungsagentin (fantastisch gespielt von Faye Dunaway), final ausgetrickst hat. Sein selbstzufriedenes Grinsen und das Zwinkern seiner umwerfend blauen Augen – mehr war nicht nötig. Am besten war er, wenn er re-agierte, statt zu agieren. Ja, er überließ seinen Text manchmal sogar anderen Mitspielern in einer Szene, weil er wusste, dass die Nahaufnahme ihn zeigte. Ein Schauspieler beklagte sich einmal: „Steve, die Kameras sind alle auf dich gerichtet, während ich den Text hier spreche!" Steve zwinkerte ihm zu und sagte lächelnd. „Hey, ich bin eben der Filmstar! Das Leben ist nicht immer gerecht, weißt du!"

Dabei war ihm das Filmstardasein nicht in den Schoß gefallen. Er hatte sich das Handwerkszeug dazu mühsam erarbeitet. Sein Arbeitsethos war bewundernswert. Er liebte seinen Job – so sehr, dass er eines Tages zu einem Reporter sagte: „Wissen Sie was, ich finde es besser, ein Filmstar zu sein als Präsident. In Taiwan wissen die meisten nicht, wer Lyndon Johnson ist, aber John Wayne kennen sie alle!" Er war immer mindestens eine halbe Stunde vor seinem Auftritt am Set und lernte sorgfältig seinen Text, wobei es da hin und wieder natürlich auch Ausnahmen gab. Er sei nicht Peter Perfect, sagte er immer. Besonders amüsant fand ich die Anekdote von seinem ersten Probedreh mit Faye Dunaway für *Thomas Crown ist nicht zu fassen*. Die Szene war „Pillepalle", so seine Worte, aber Dunaway war selbst für diese unbedeutende kleine Sequenz dermaßen gut vorbereitet, dass er völlig baff war. „Sie hat mir alles, was nicht niet- und nagelfest war, um die Ohren gehauen!" Danach gab es viele, viele Abende, an denen ich seinen Text mit ihm durchging. Manchmal machte er seinen Regisseuren das

Leben sauer, doch es ging ihm immer darum, den Film noch weiter zu verbessern.

Steve war ein amerikanisches Original. Wenn man die entsprechenden Adjektive im Webster's Dictionary durchgeht, wird man feststellen, dass sie alle auf Steve passen. Worte machten einen Teil seines Zaubers aus. Seine Art, mit ihnen umzugehen, sorgte in Hollywood für einige Irritation, und dennoch begannen andere Schauspieler mit der Zeit, seine sprachlichen Eigenheiten aufzugreifen. Manchen erschien sein Vokabular komisch, diejenigen jedoch, die auf seiner Wellenlänge waren – und das waren die meisten – fanden es zugleich beeindruckend. Seine Kollegen bewunderten ihn für die originellen Ausdrücke, mit denen er daherkam: So war ich etwa „seine alte Dame" oder auch „my Nelly with a belly", als wir „einen Braten in der Röhre" hatten; „die Welt ist ein einziger Schmu", „ich werfe mit Geld um mich wie mit Kanaldeckeln", etc. Vor fünfzig Jahren war solcher „Gossenjargon" noch im Stadium der Erfindung, „Schlüpfriges" war noch nicht angesagt. Doch einer nach dem anderen erkannten die Bewohner von Hollywood, dass „schlüpfrig" toll war und sie zu schillernden Persönlichkeiten machte.

1963, als die in diesem Band versammelten Bilder entstanden, konzentrierte sich John Dominis im Auftrag des LIFE-Magazins mit seiner Kamera ganz auf Steves aufblühende Karriere. John wurde, wenn auch nur für jenen beschränkten Zeitraum, unser neuer, getreuer Freund. Er verbrachte unzählige Stunden und Tage mit uns. Einen Monat lang begleitete er uns auf Schritt und Tritt. Sein Ruf, sein ganzes Betragen und seine stille Präsenz überzeugten Steve davon, dass er unsere Privatsphäre achten und niemals seine Grenzen überschreiten würde. Er spielte bei uns sozusagen „Mäuschen". Und als der Top-Fotograf, der er war, fing John Dominis wunderbare, offene Momente unseres Lebens ein, wie es keinem anderen je gelungen ist, jedenfalls mit Sicherheit nicht in den sechzehn Jahren, die Steve und ich zusammen waren. Diese Bilder waren nie gestellt oder inszeniert. Sie ergaben sich einfach, und Johns Kamera war da, sah zu und hielt aus dem Augenblick heraus intime Begebenheiten und Interaktionen fest.

Als John Dominis seine Fotostrecke im Kasten hatte, stand das LIFE-Magazin vor der Aufgabe, einen Autor für den Textbeitrag zu finden. Auftritt Tommy Thompson, der vor Wut schäumte, weil er von einem wichtigen Auftrag abgezogen wurde, um, wie sich herausstellte, eine Lobeshymne auf diesen Fernsehdarsteller zu schreiben, dessen neuester Film eben angelaufen war und von dem in Kürze drei weitere Filme, unter anderem mit Stars wie Natalie Wood, Jackie Gleason und Lee Remick, zu sehen sein würden – doch was scherte das Tommy? In Stinklaune stieß er im Old World Restaurant zu Steve, John Dominis und David Foster (Steves Presseagent), die bereits am Tisch saßen. Thompson nahm seinen Platz ein und machte ihnen unzweideutig klar, dass er nicht aus freien Stücken gekommen war. Minuten später sprang Steve auf und sagte: „Also, ich glaube, Sie kommen nicht um eine Entscheidung herum. Ich nehm' sie Ihnen ab: verpissen Sie sich!" Und ging.

John rettete die Situation, indem er bei LIFE anrief und vorschlug, er und David Foster könnten doch den Text aufsetzen, dem dann ein fester Mitarbeiter aus der New Yorker Redaktion den letzten Schliff verpassen sollte. Darauf ließen sie sich ein.

In der zweiten Juliwoche des Jahres 1963 stand ein Treffen von Präsident Kennedy mit dem Papst in Rom an. John Dominis erhielt den Zuschlag als „Pool"fotograf dieser Begegnung, und seine Aufnahmen zierten die Titelseiten sämtlicher großer Magazine der damaligen Zeit. Aus Ärger darüber, dass ihr Hausfotograf für andere Publikationen arbeitete, beschloss LIFE, ein eigenes und völlig anderes Coverfoto von John Dominis zu bringen, das Mr. und Mrs. Steve McQueen, absolut ungestellt, bei einem Motorradausflug zeigte – und verkaufte von dieser Ausgabe mehr Exemplare als alle anderen Magazine in der betreffenden Woche.

Was Steve und mich angeht – wir haben uns heftig geliebt und es heftig krachen lassen. John Dominis bemerkte dazu gegenüber den Redakteuren des LIFE-Magazins:

„Zu zweit sind sie die reinsten Kinder, und der Funke zwischen ihnen ist quicklebendig. Sie knutschen die ganze Zeit und jagen einander durch die Gegend, als könnte es jeden Moment aus der Mode kommen."

Heute ist Steve McQueen nach wie vor ein Star. Viele seiner Filme sind zu Klassikern geworden, und junge Schauspieler treten in seine Fußstapfen. Sein Charisma ist immer noch faszinierend – wie die magischen Bilder von John Dominis beweisen.

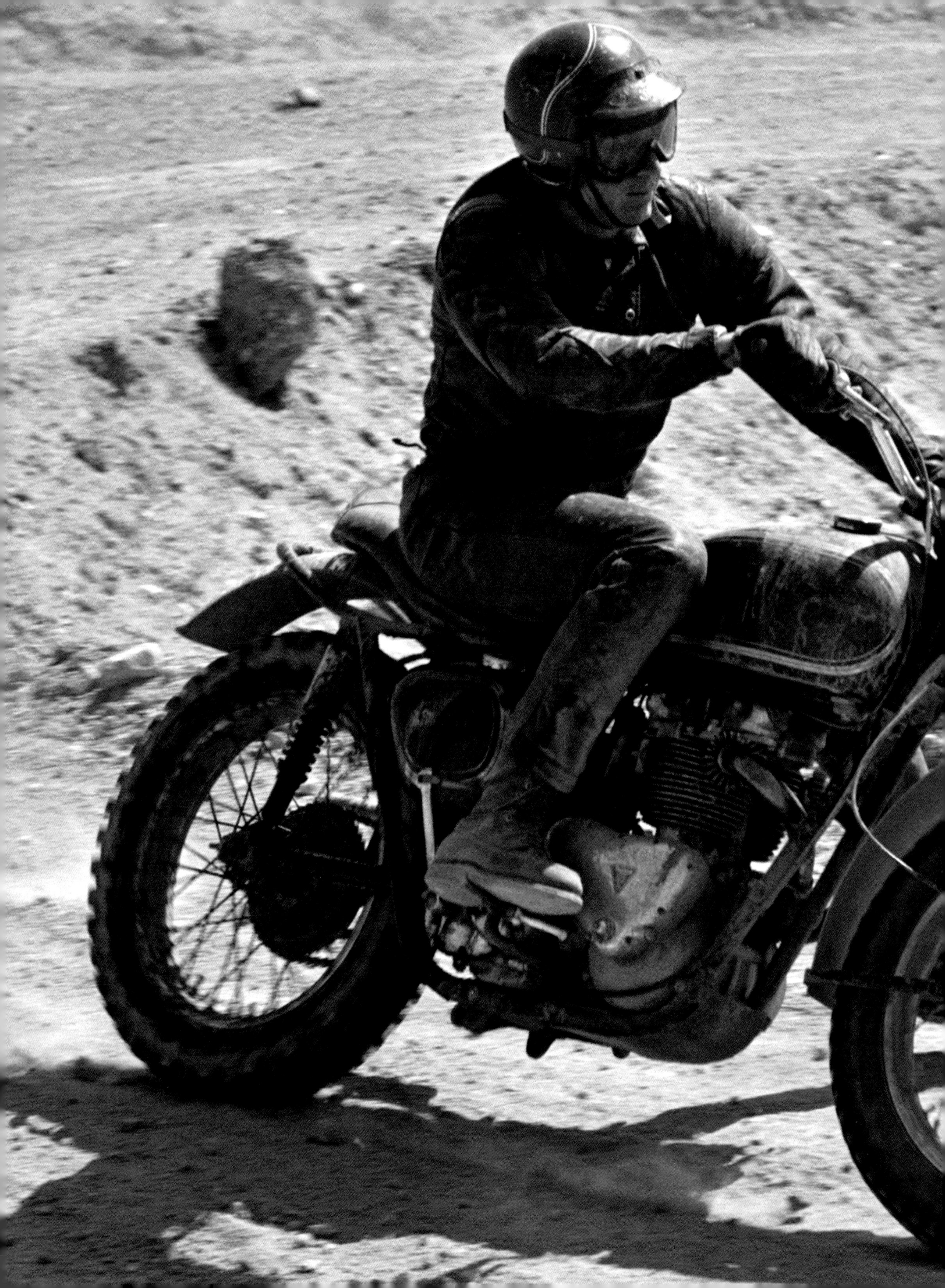

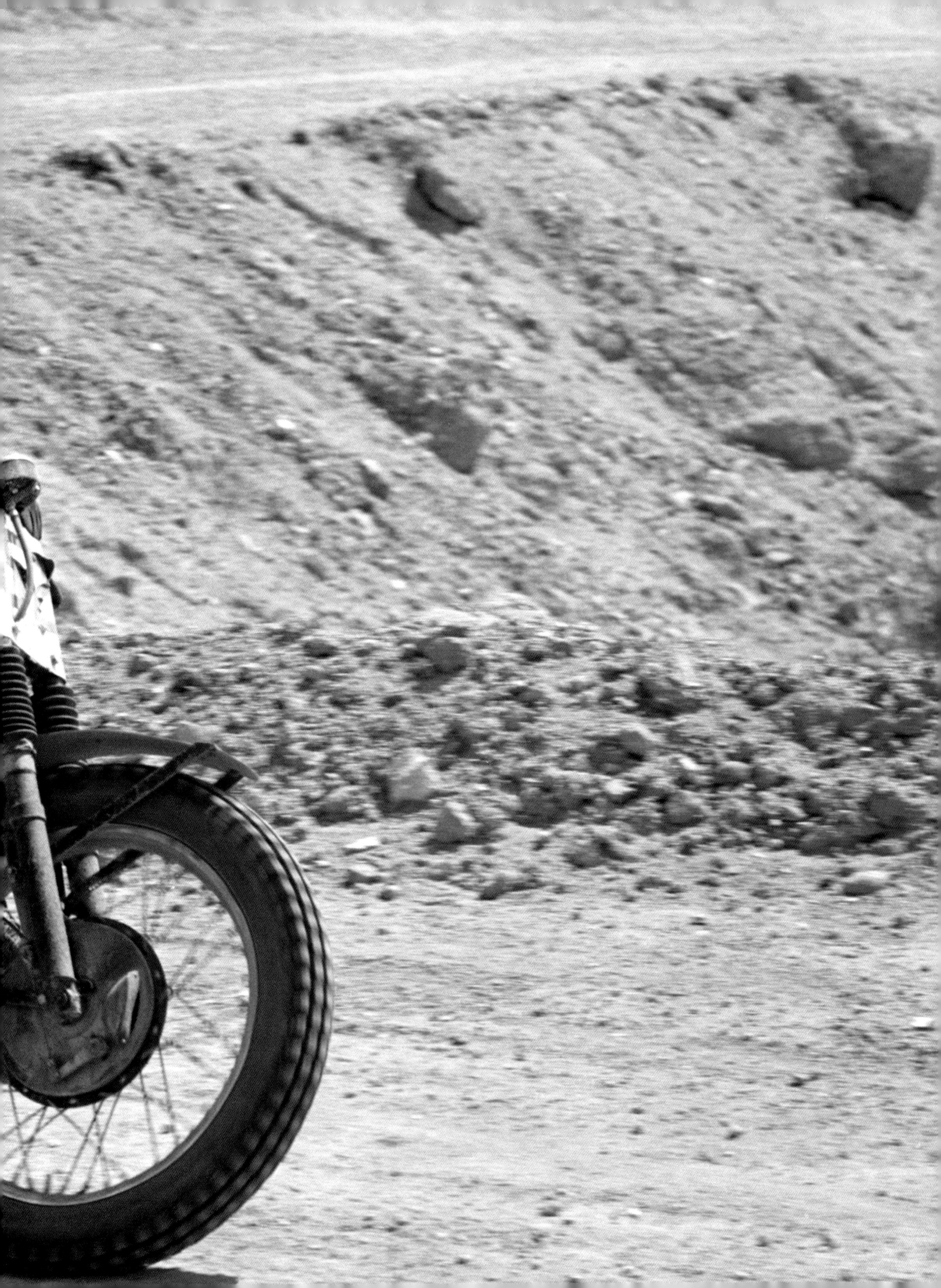

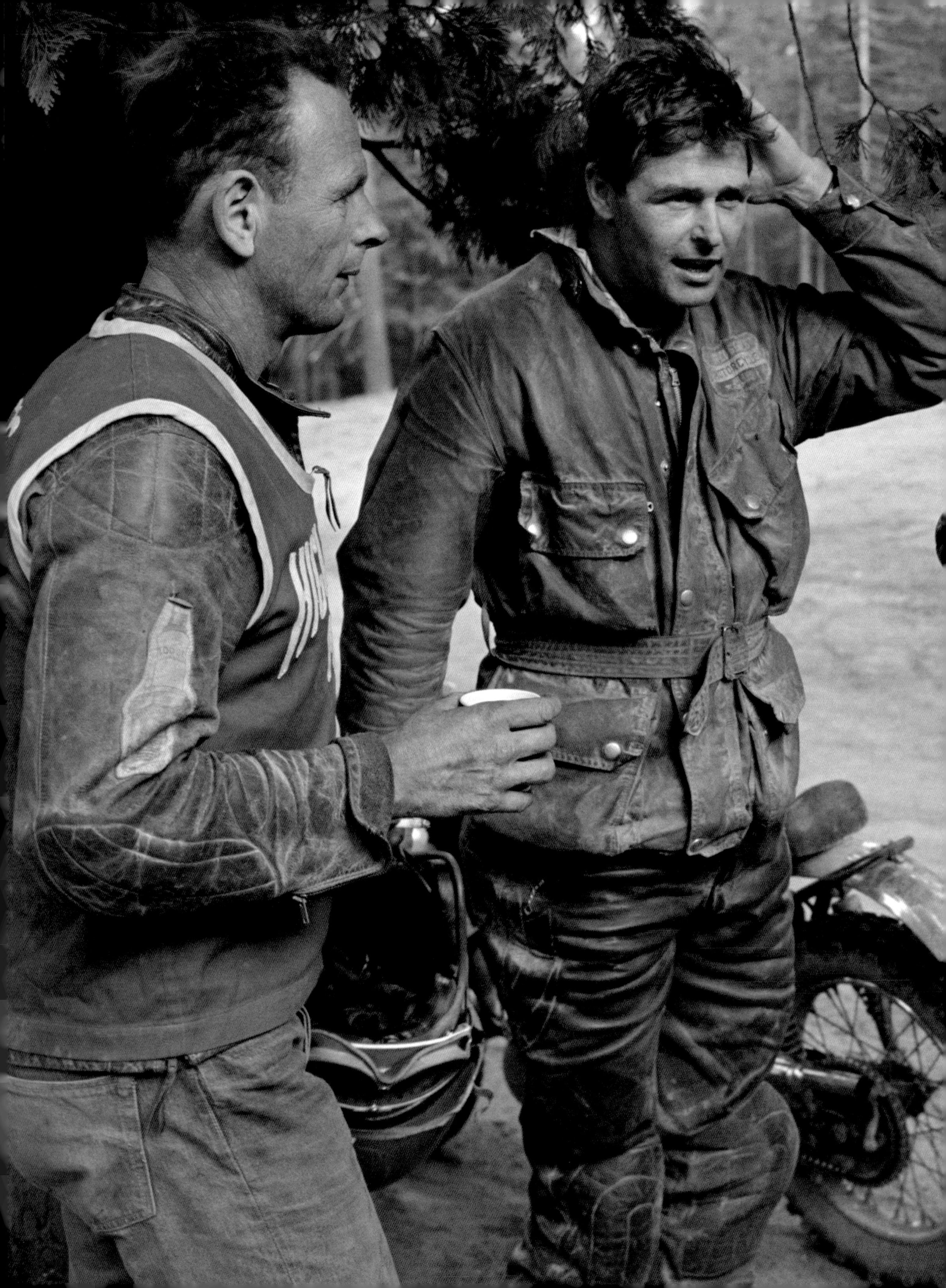

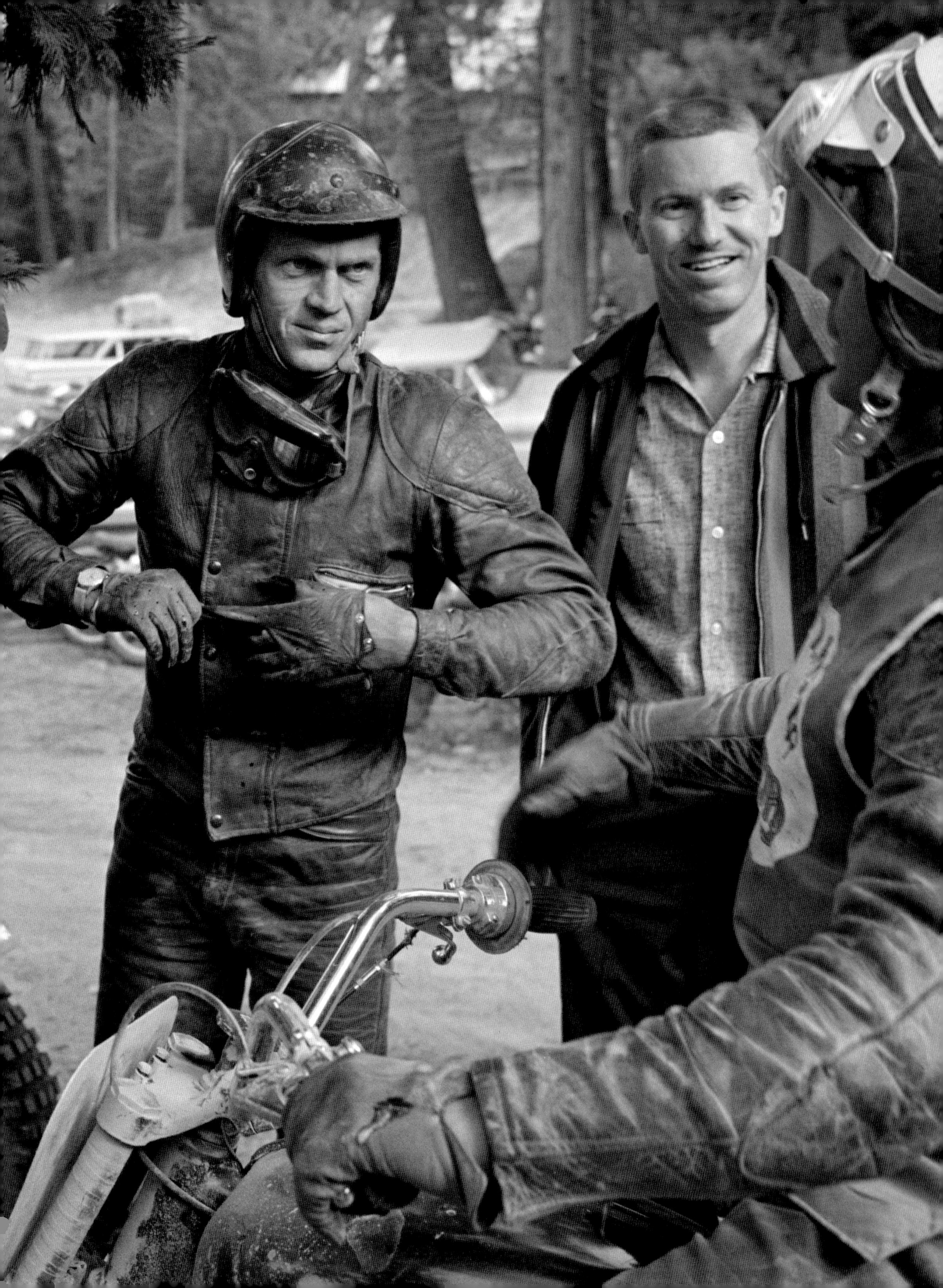

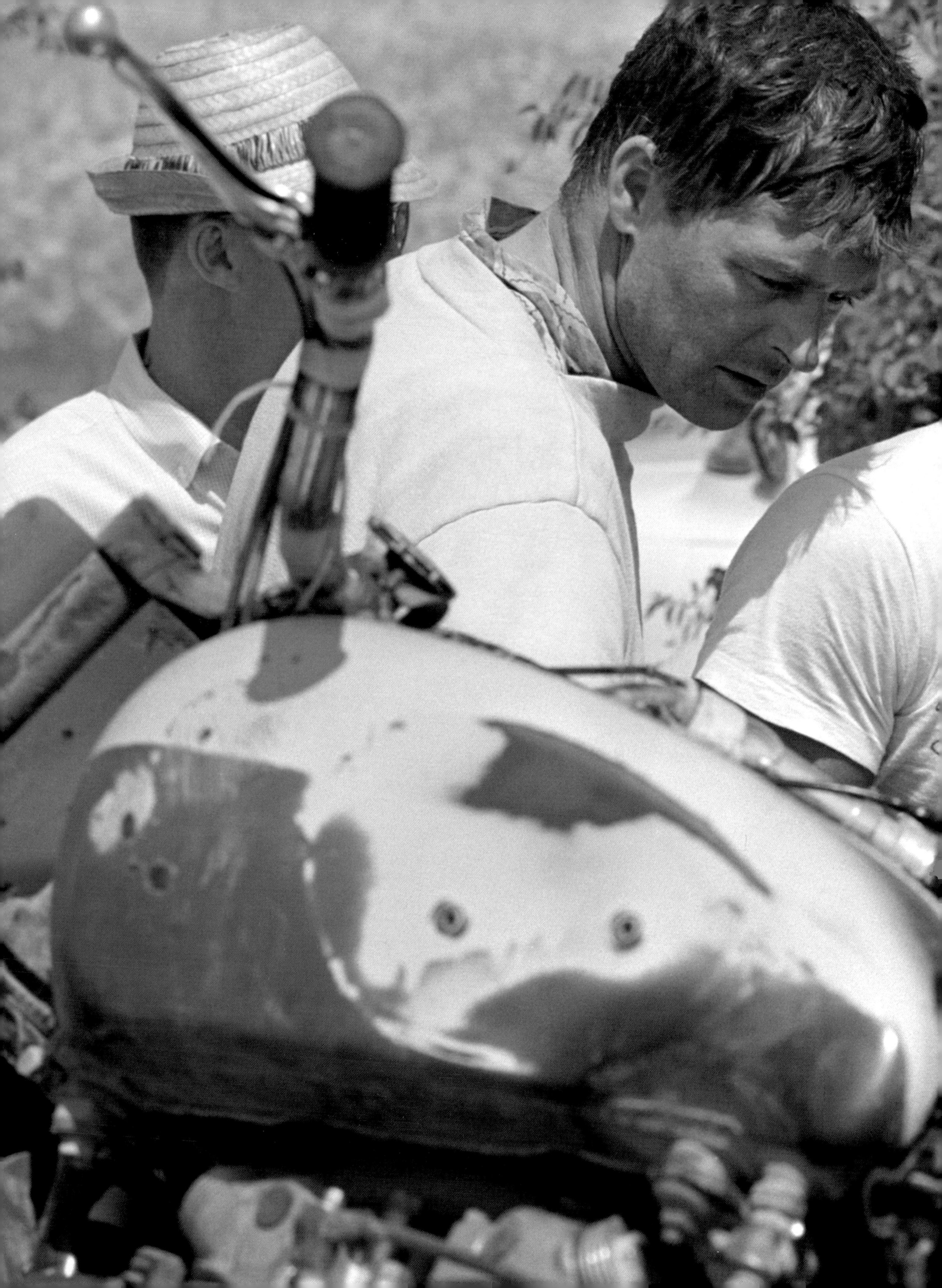

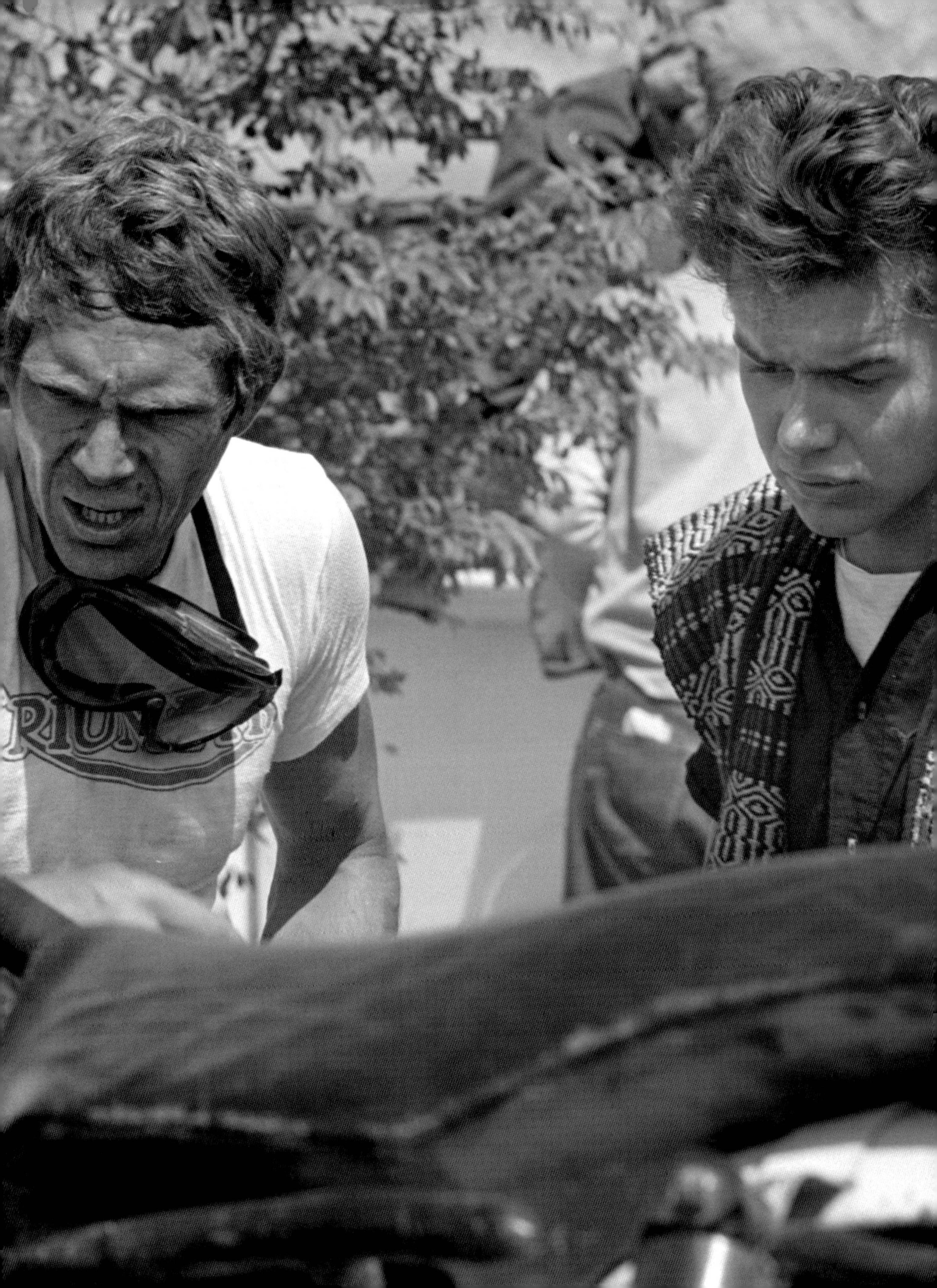

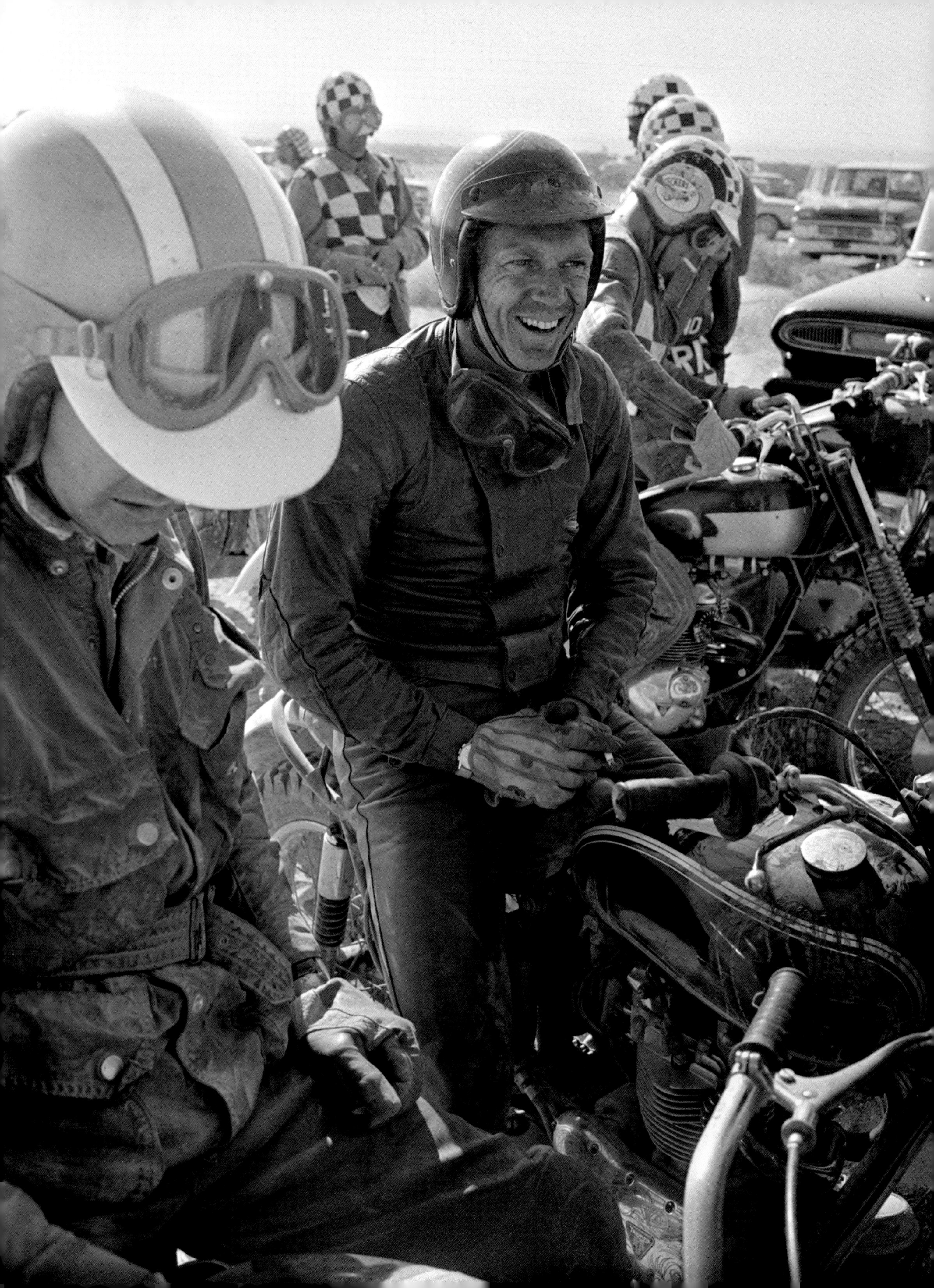

„**Ich liebe** den Rennsport in jeder Form,
weil es dem Kerl neben mir völlig egal ist,
wie ich heiße. Er will mich einfach bloß schlagen."

Steve McQueen

S. 8–9:
Lässig in die Kurve

S. 10–11:
Boxenstopp

Vorhergehende Seite:
Motorcheck

Gegenüberliegende Seite:
Aufgesessen!

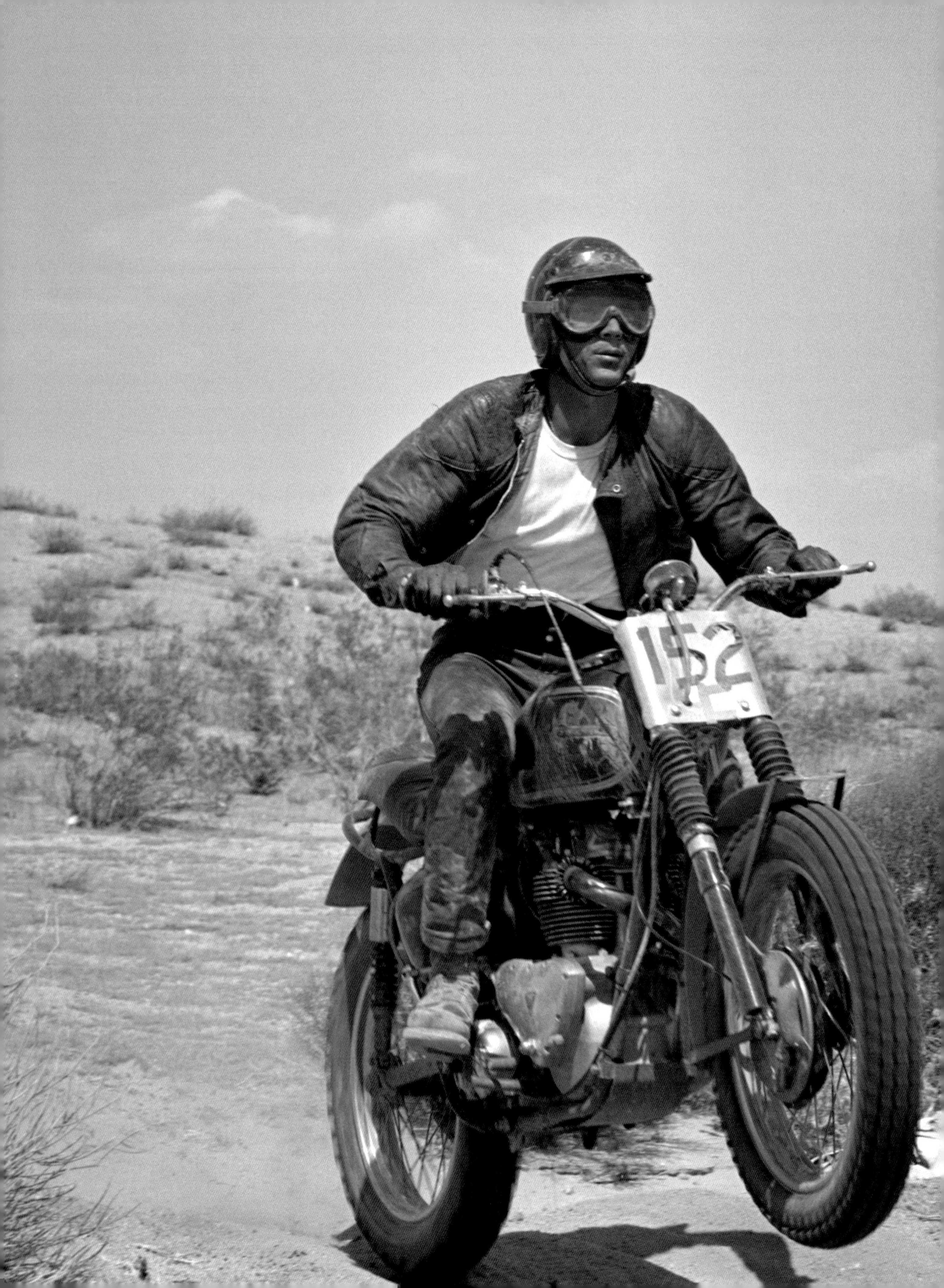
152

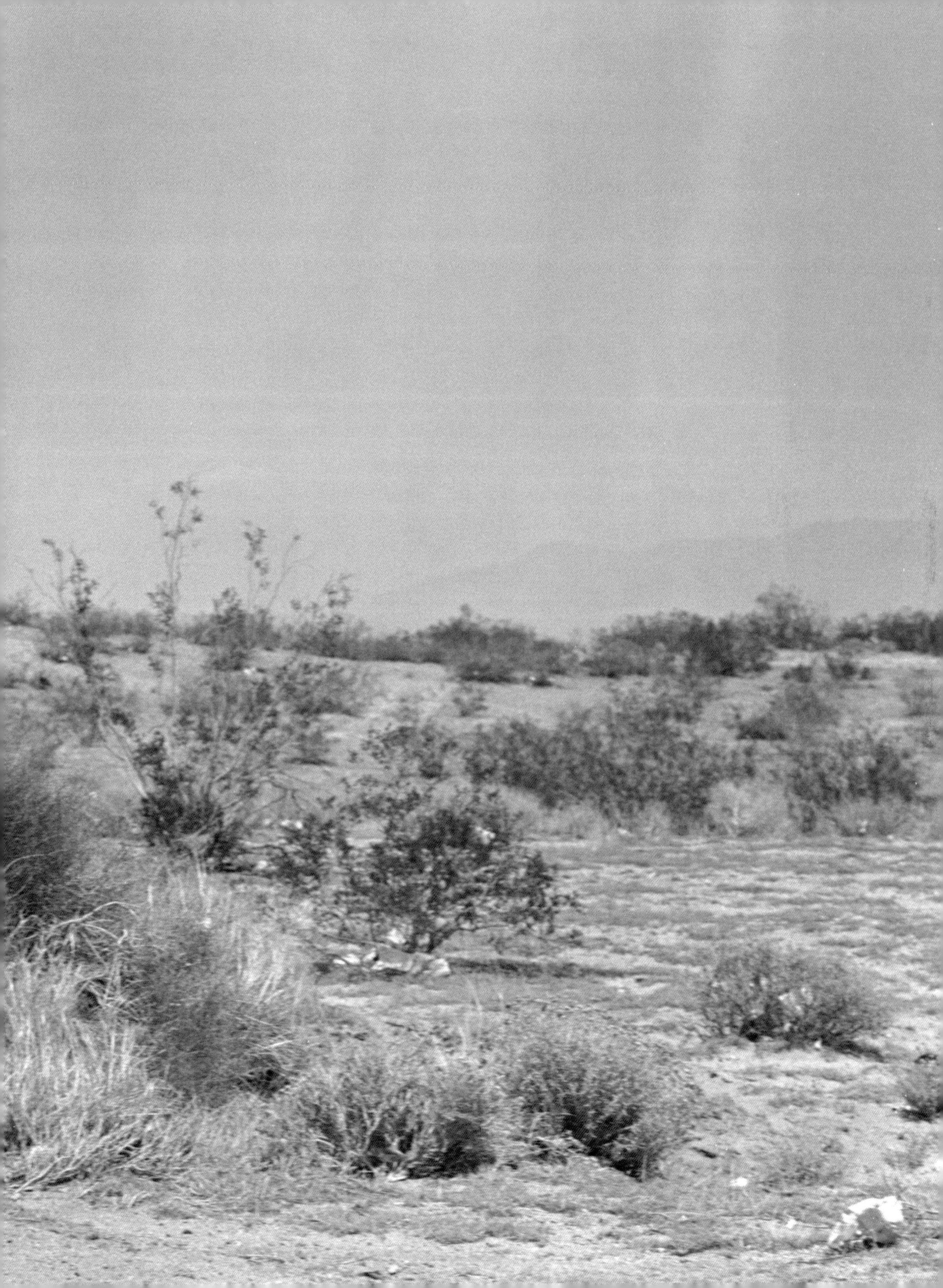

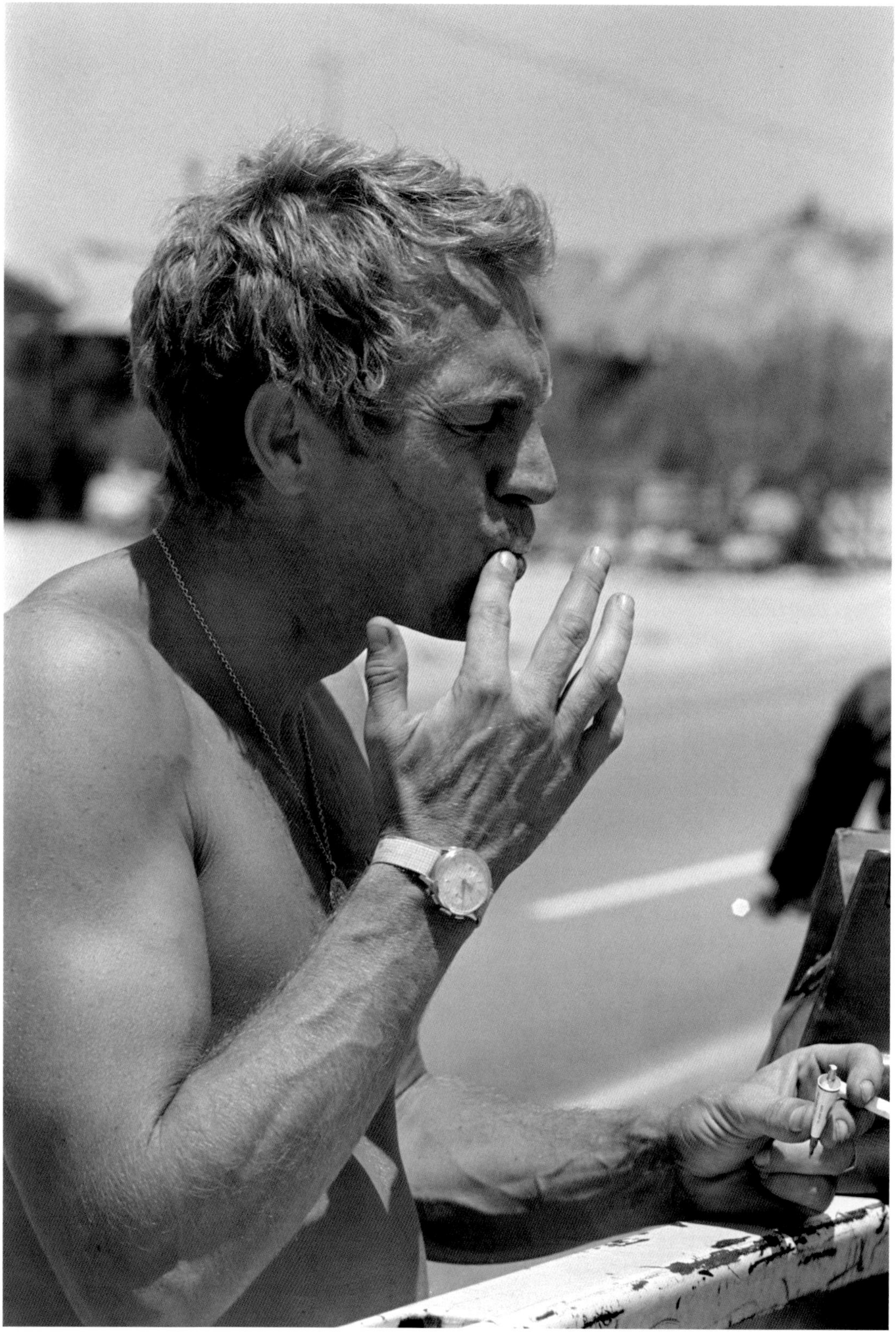

Vorhergehende Seite: Buckelpiste

Oben: Lippenbalsam

Gegenüberliegende Seite: Erste Hilfe

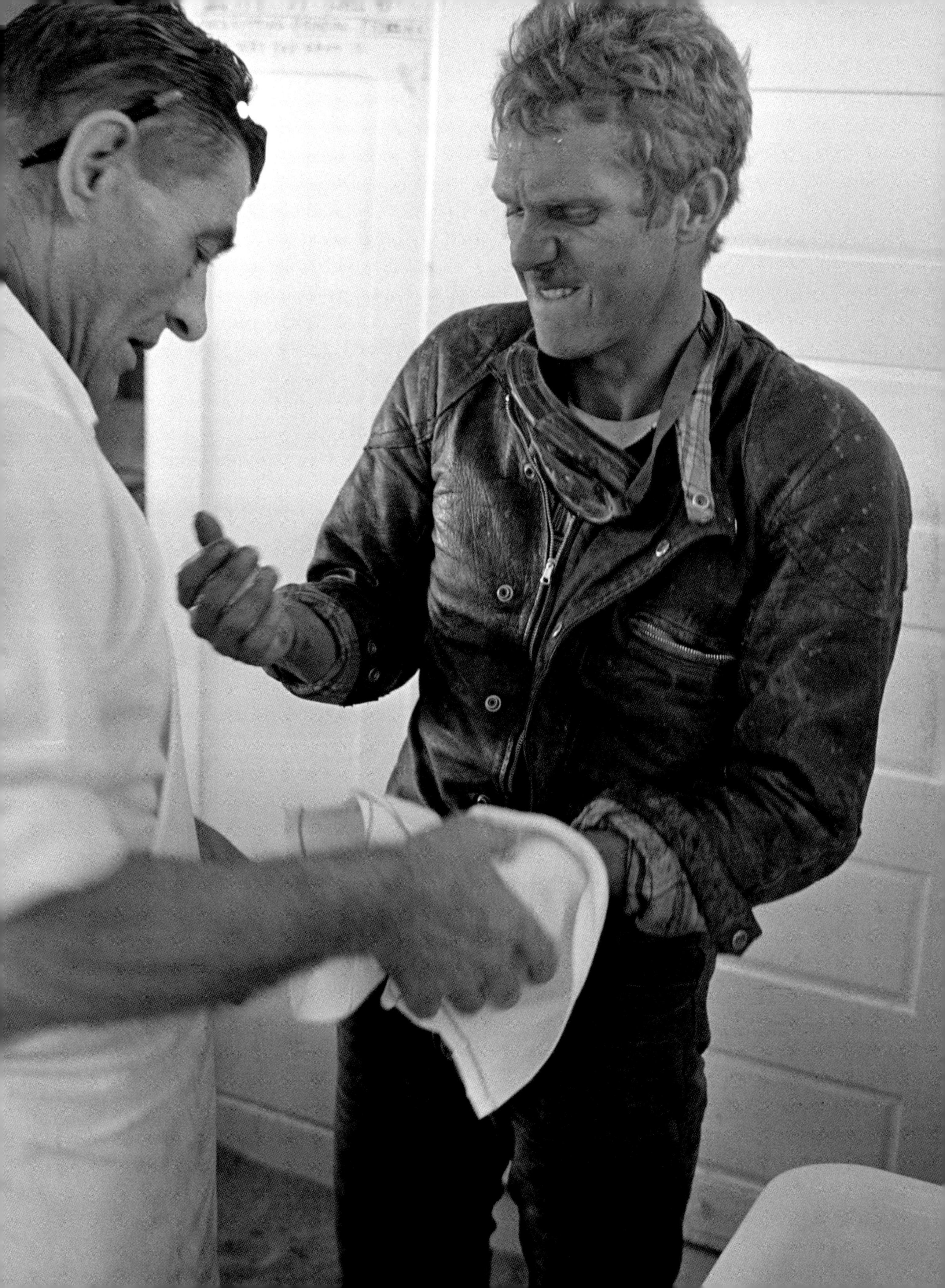

„Ich fragte herum, ob irgendwer McQueen gesehen hätte, und plötzlich war er da, kam gerade von einem Rennen. Ich hatte bis dahin noch nie mit ihm gesprochen, ich kannte ihn nicht. Er hatte Helm und Schutzbrille abgenommen. Er war ziemlich verdreckt. Vor den dunklen Bäumen wirkte er dramatisch und fantastisch zugleich. Das ist vermutlich das beste Bild, das ich je von ihm gemacht habe. Er sah hoch, als wäre er ein bisschen perplex, dass da mitten in der Pampa ein Fotograf vor ihm stand."

John Dominis

Gegenüberliegende Seite:
Portrait

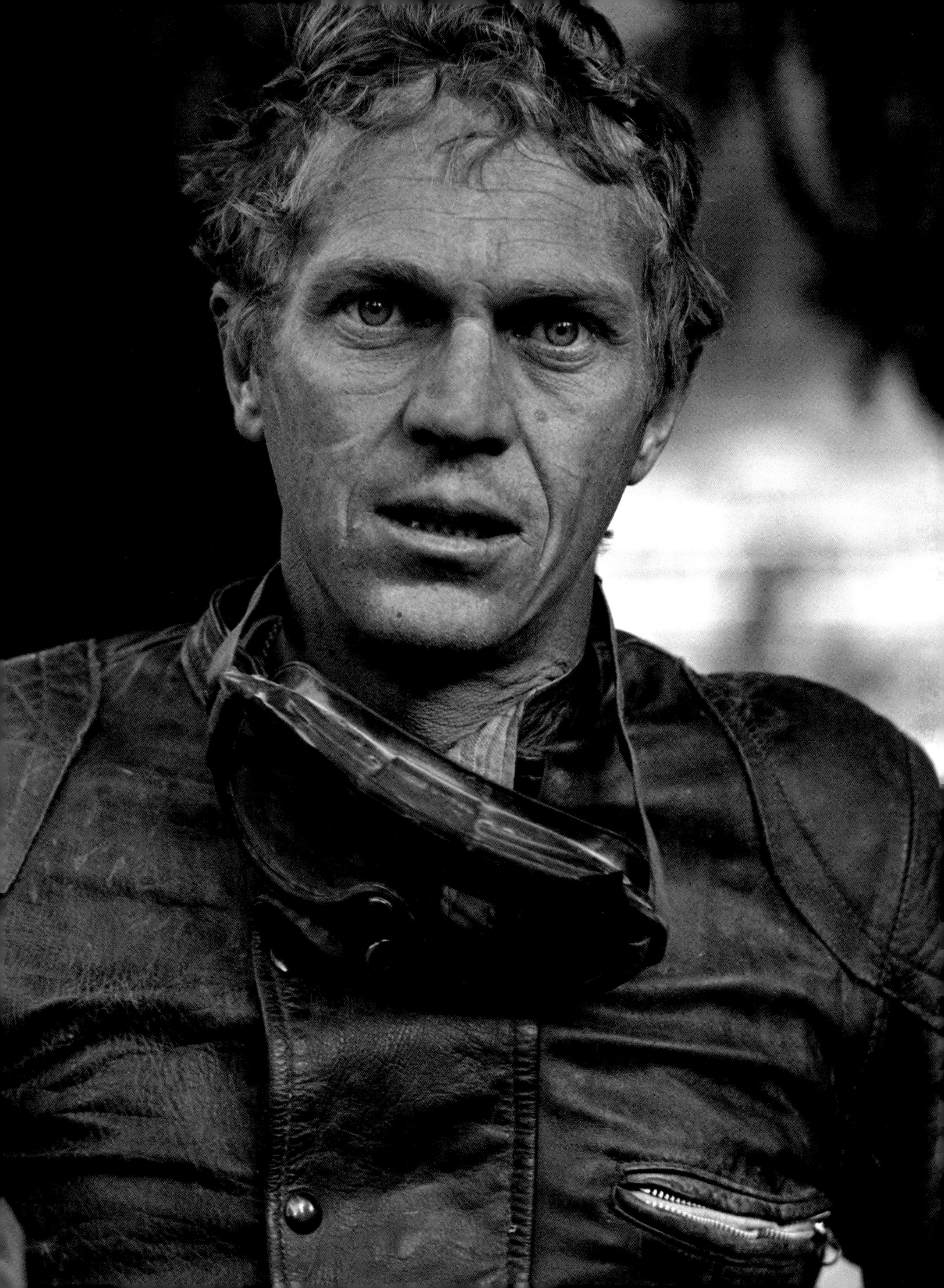

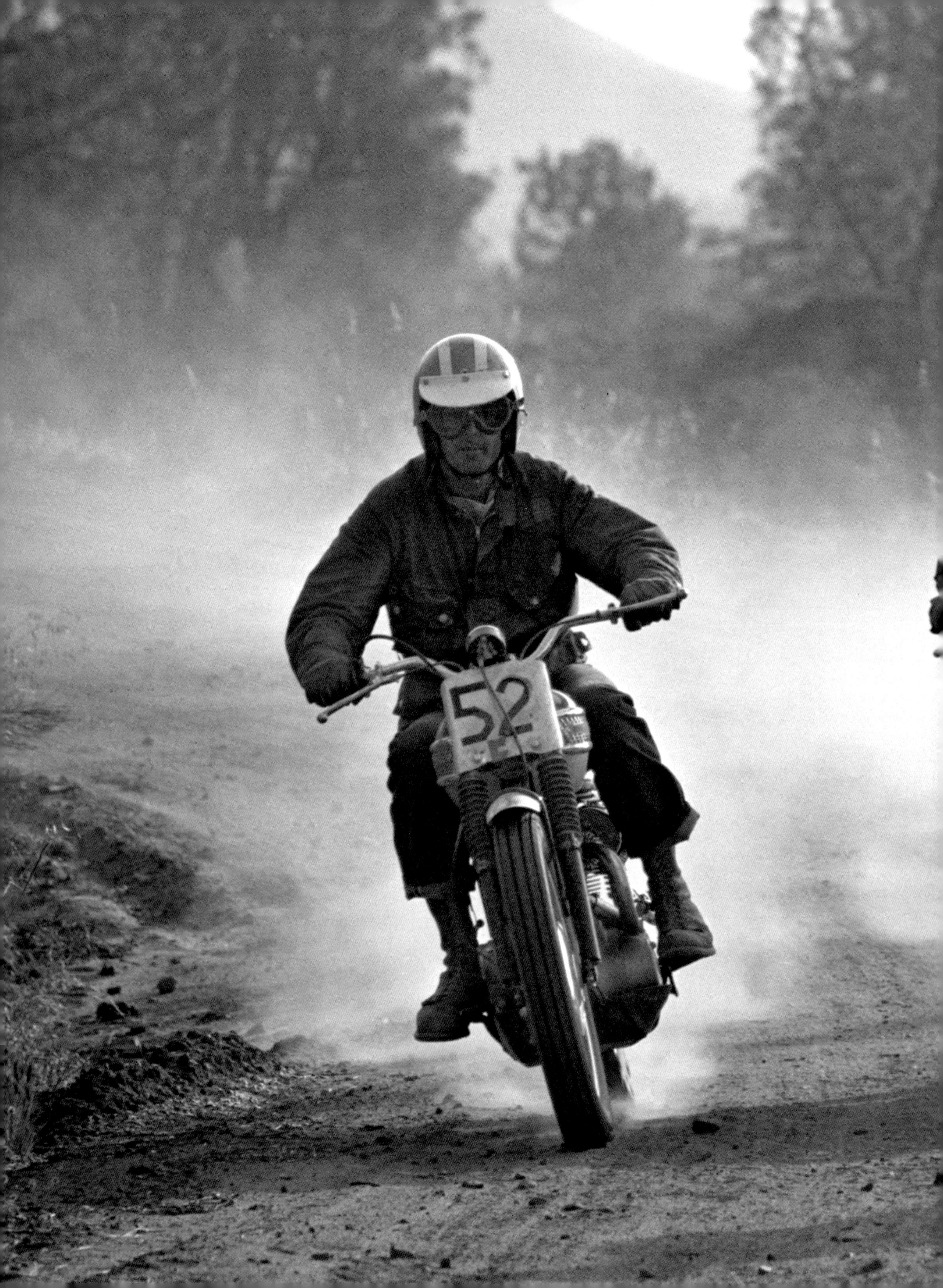
52

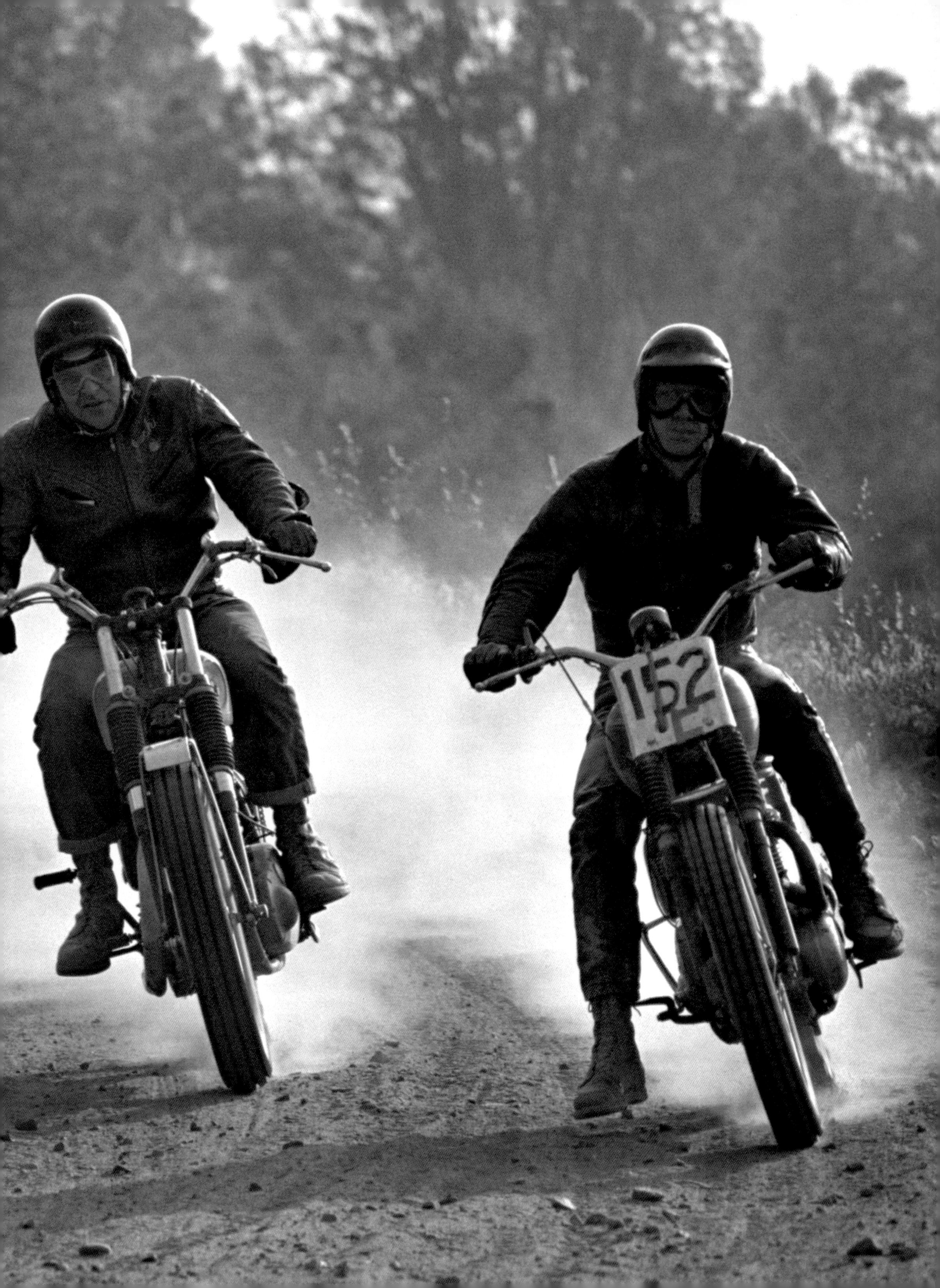

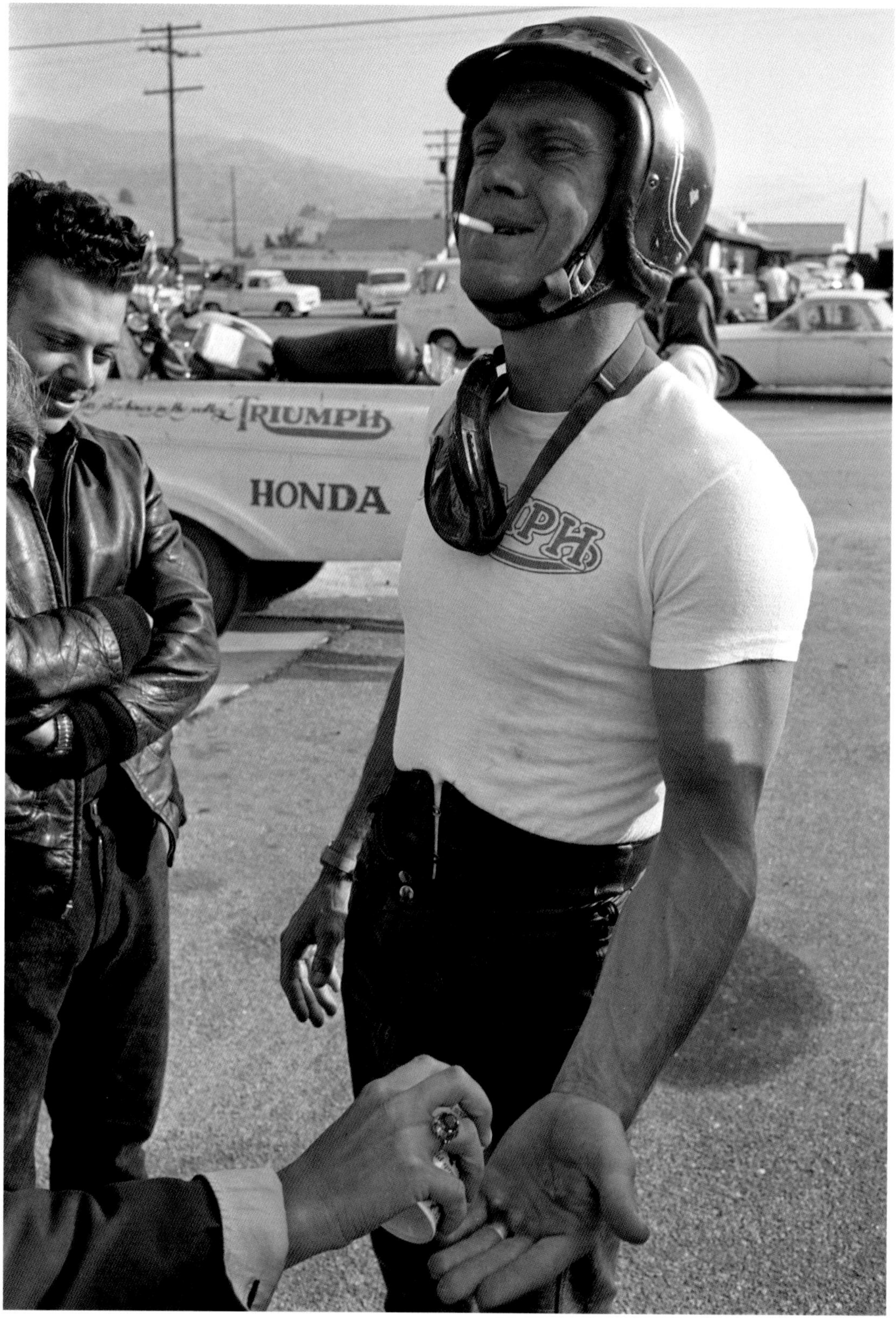

Vorhergehende Seite: Kopf an Kopf um die Kurve

Oben: Handpflege

Gegenüberliegende Seite: Die volle Montur

Folgende Doppelseite: Kleine Abkühlung

S. 28–29: Ein Nickerchen

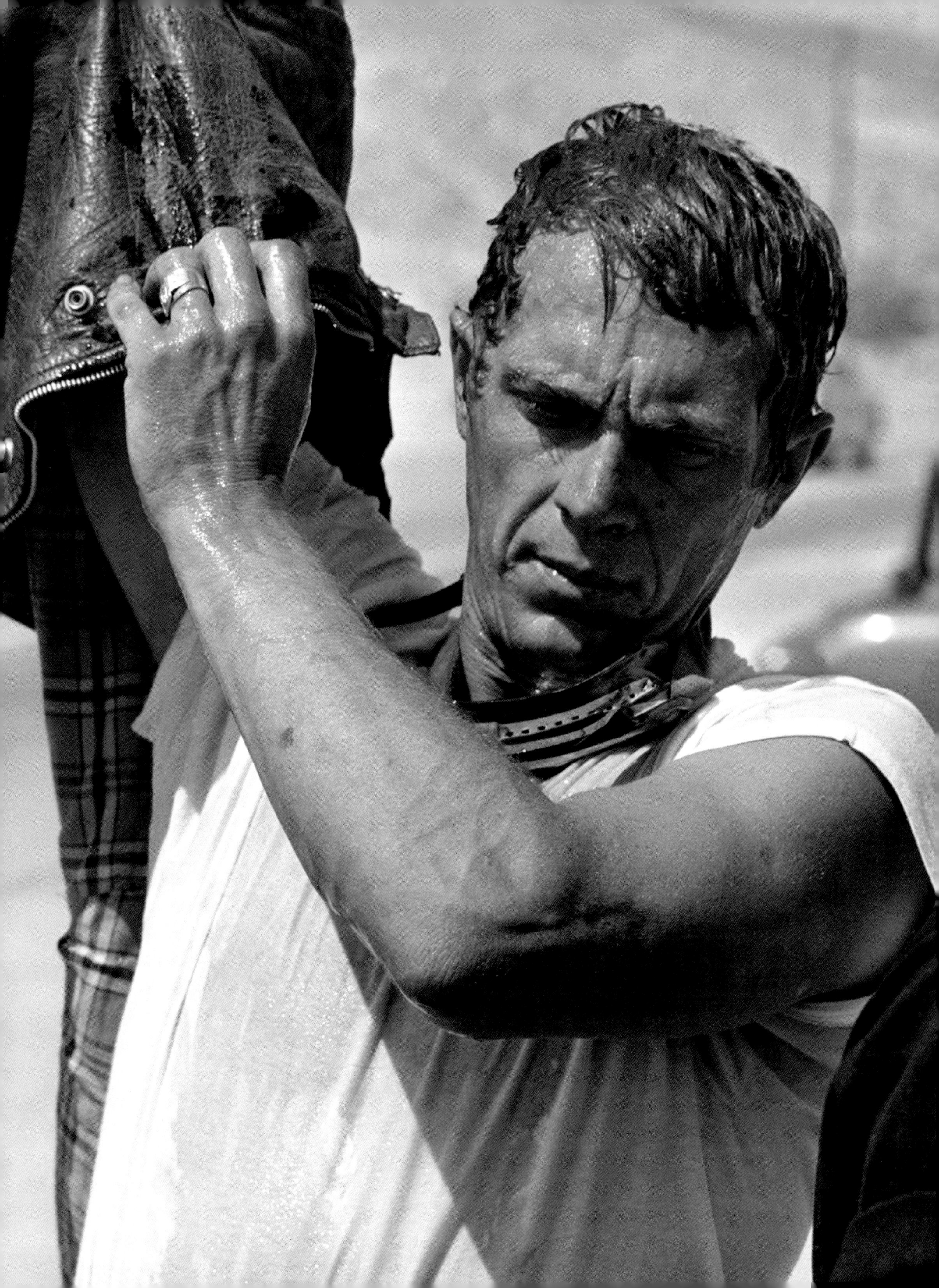

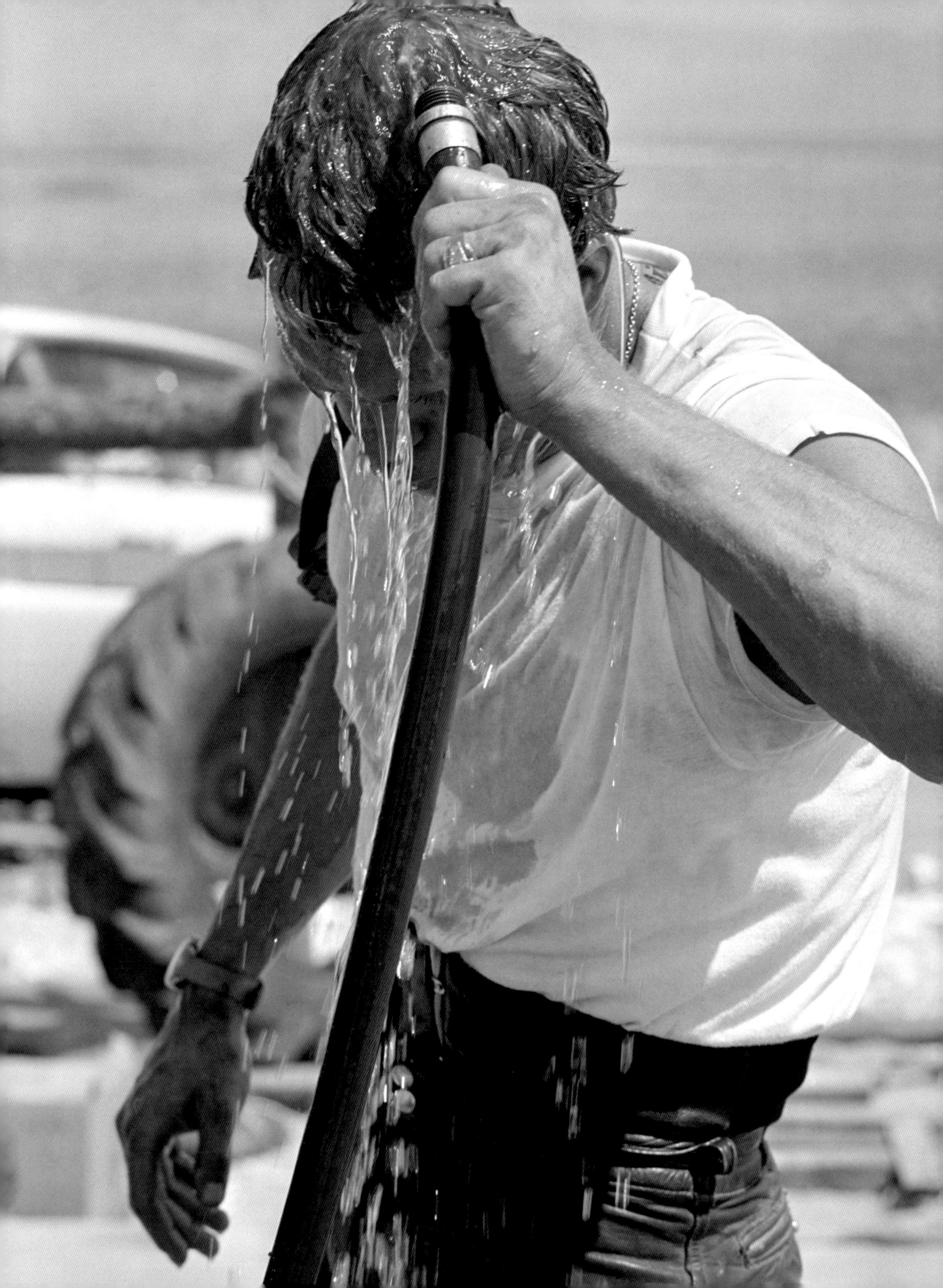

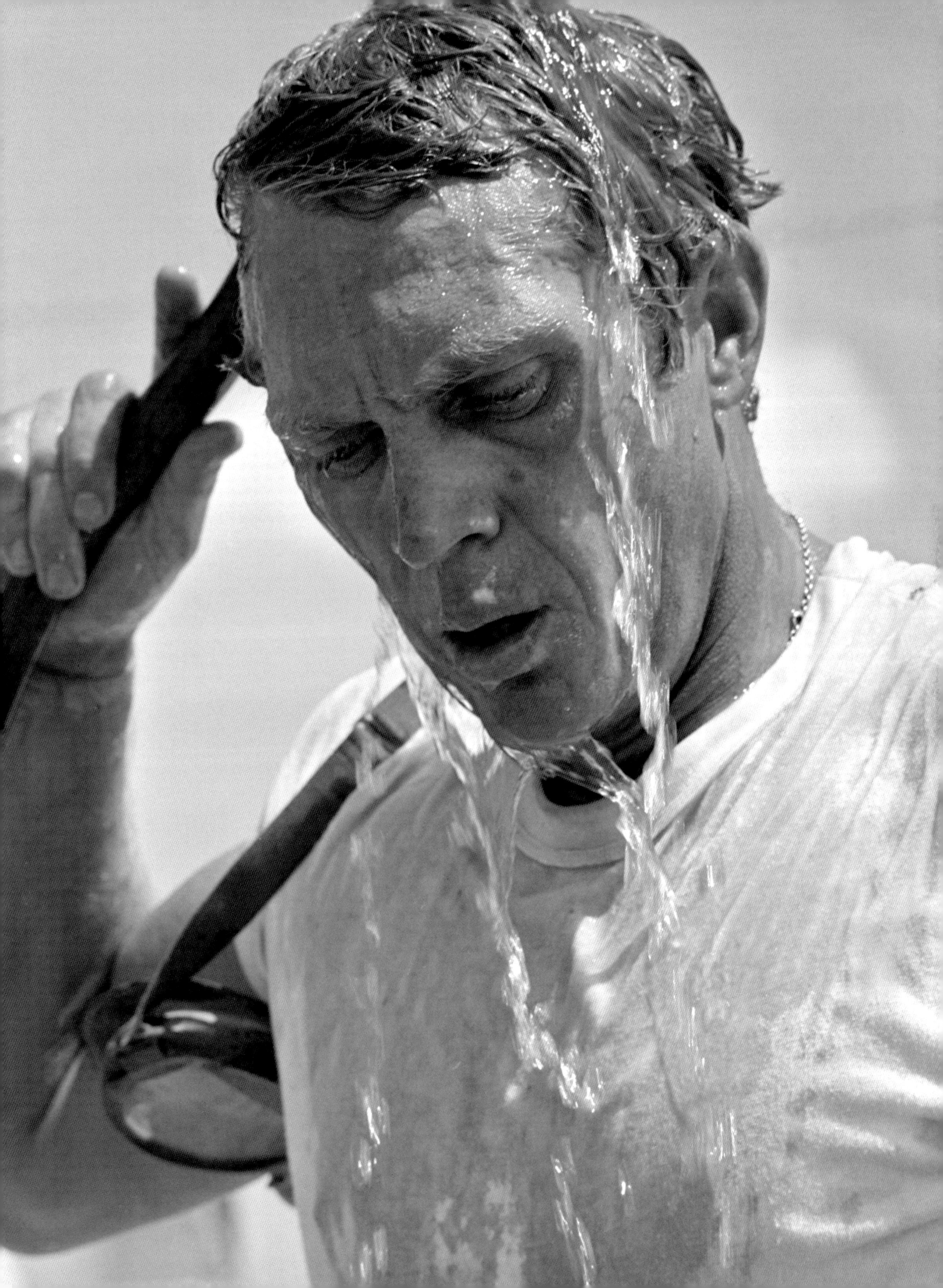

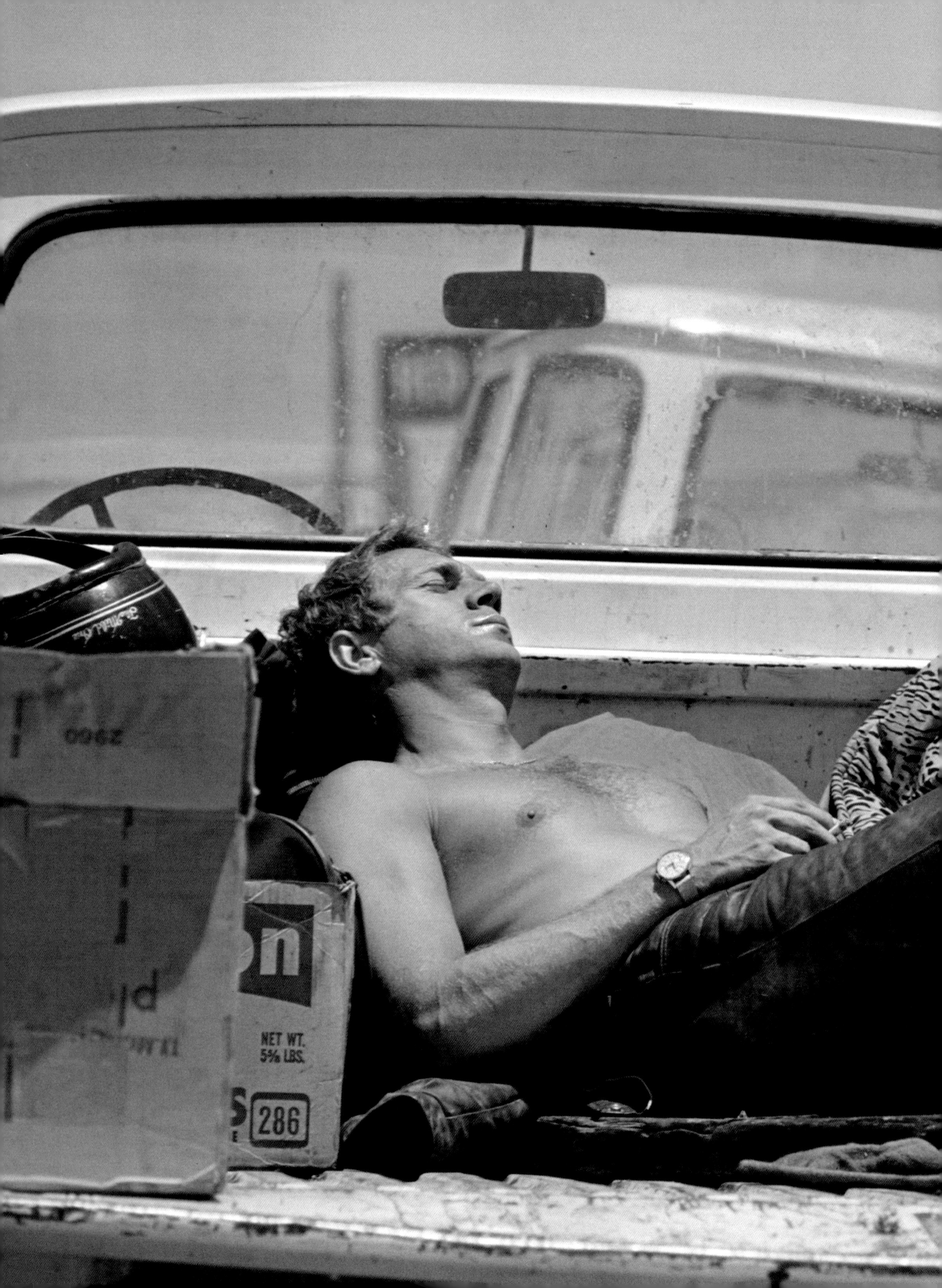
NET WT.
286

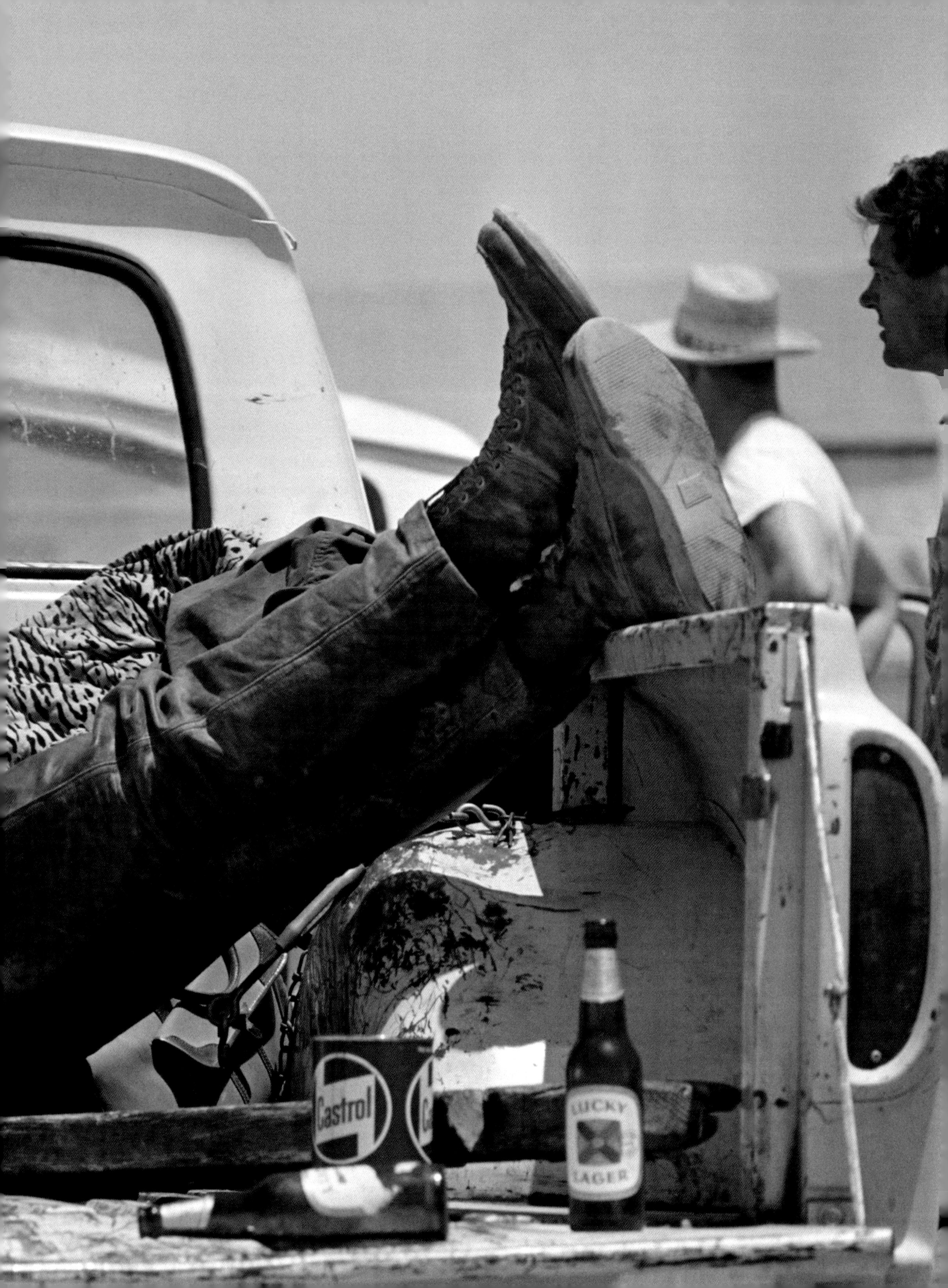
Castrol
LUCKY
LAGER

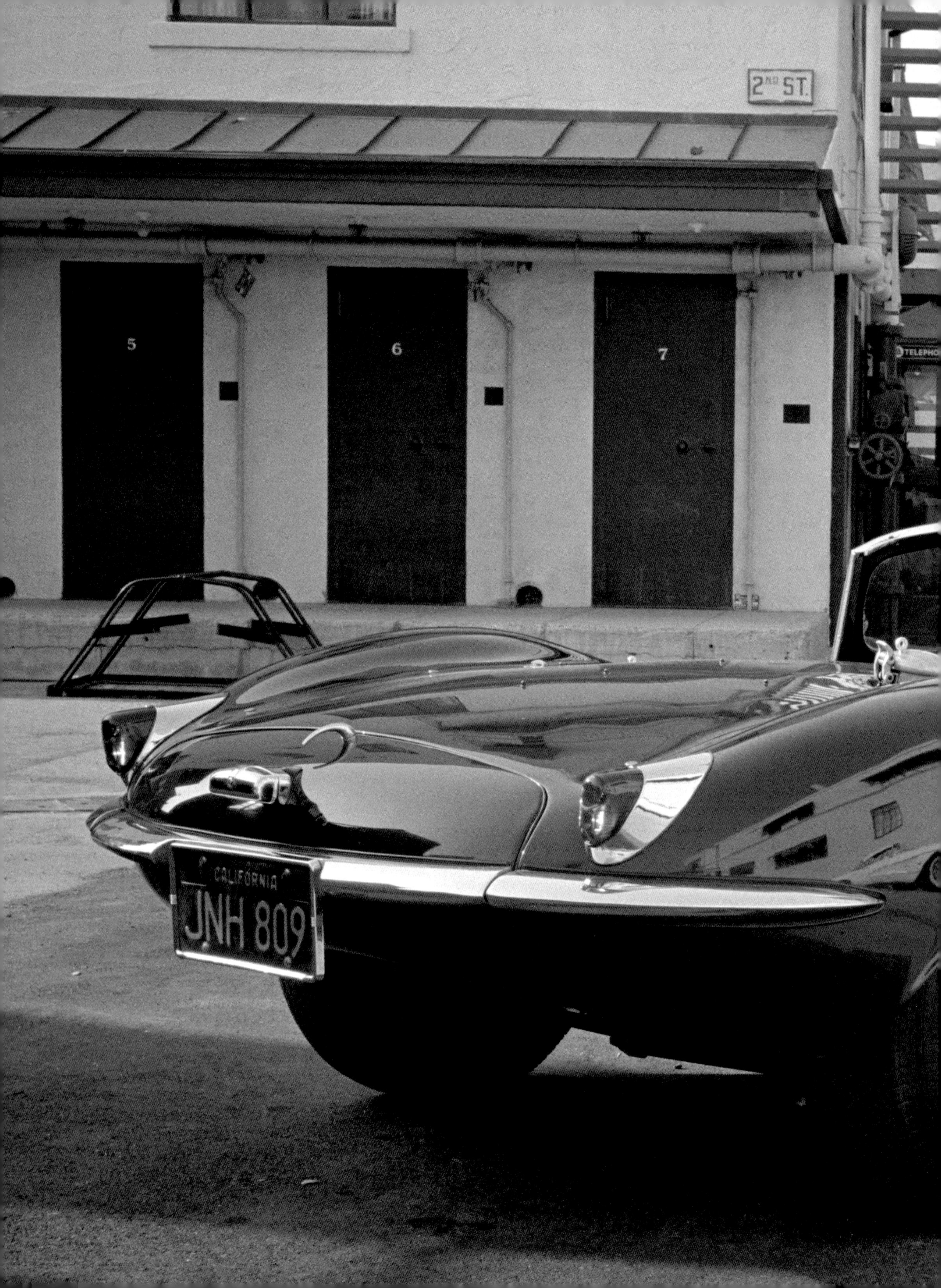

2ND ST.
5
6
7
CALIFORNIA
JNH 809

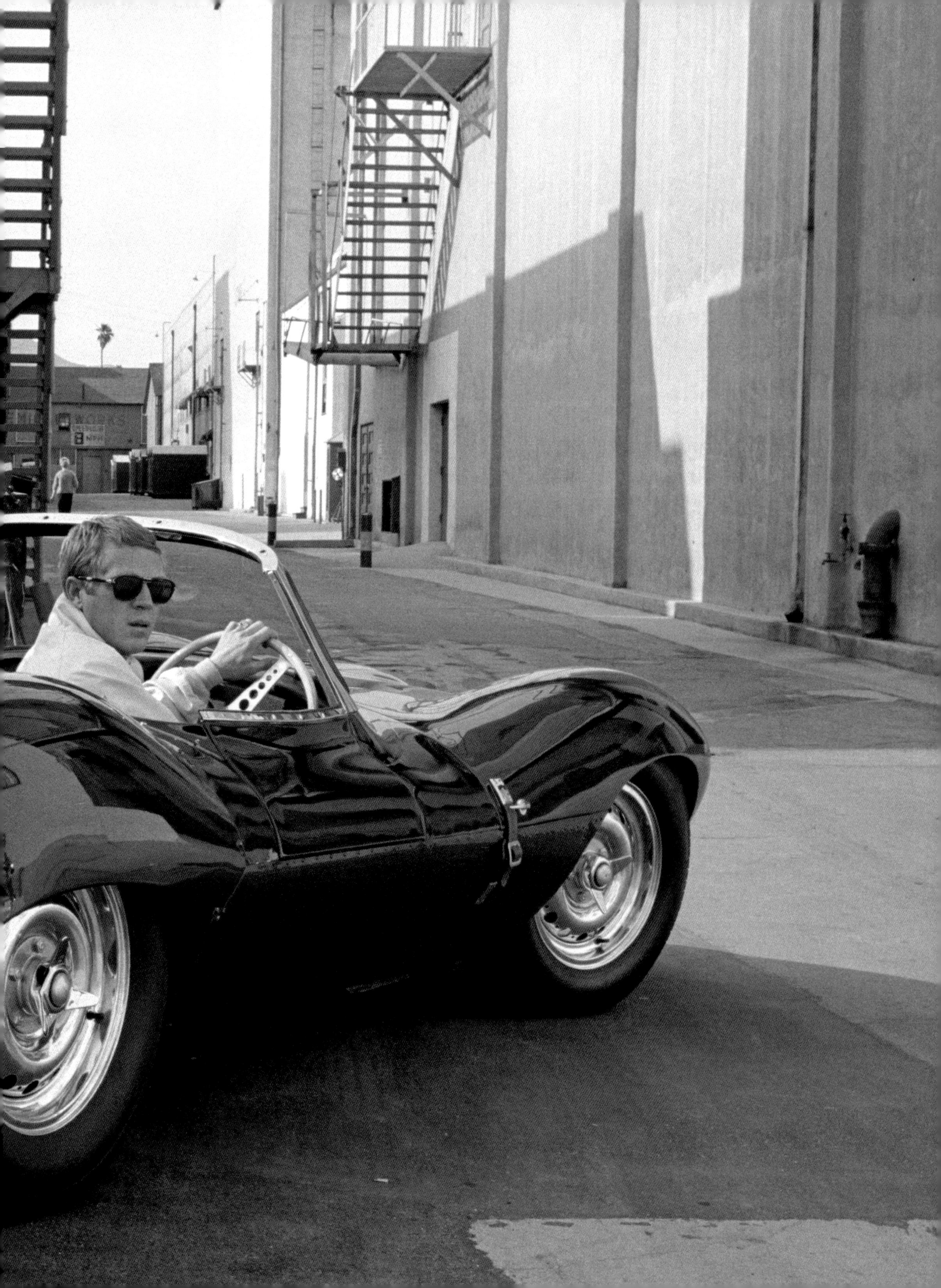

„Steves Verträge enthielten immer Klauseln, die typisch für ihn waren. Seine Garderobe musste beispielsweise mit einem 180-Pfund-Set Hanteln ausgestattet sein. Wir mussten Steves Motorradflotte von Kalifornien nach Boston transportieren, wo *Thomas Crown ist nicht zu fassen* gedreht wurde. Und wir mussten auf unsere Kosten regelmäßig Jay Sebring, den damals angesagtesten Herrenfriseur, für ihn zum Haareschneiden kommen lassen."

Norman Jewison

Vorhergehende Doppelseite:
McQueen mit seinem maßgeschneiderten Jaguar beim Einparken auf dem Gelände der Paramount-Studios. Hollywood, Kalifornien. Juni 1963

Rechts:
Auf dem Weg zum Fitnessraum des Studios

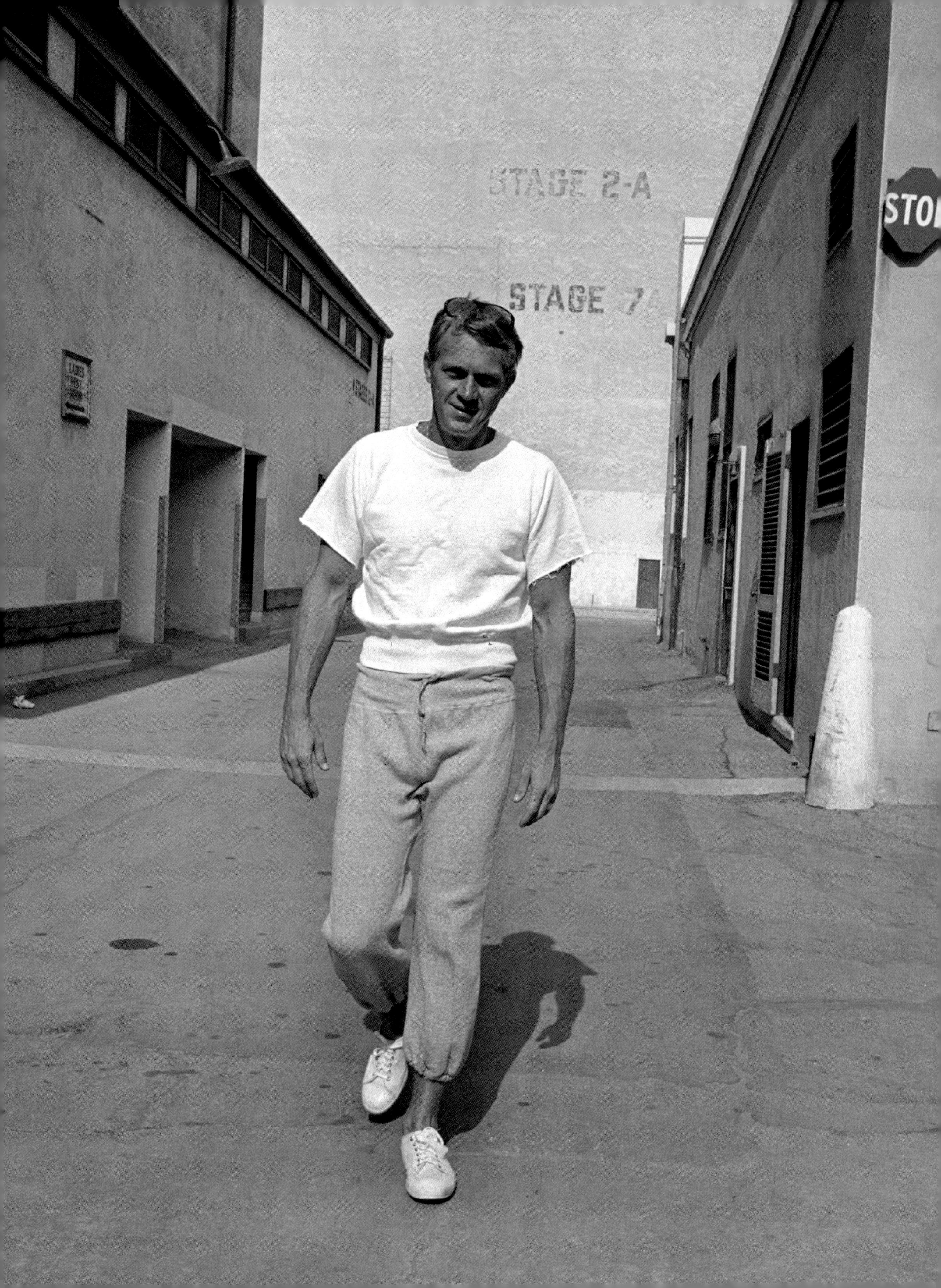
STAGE 2-A
STAGE

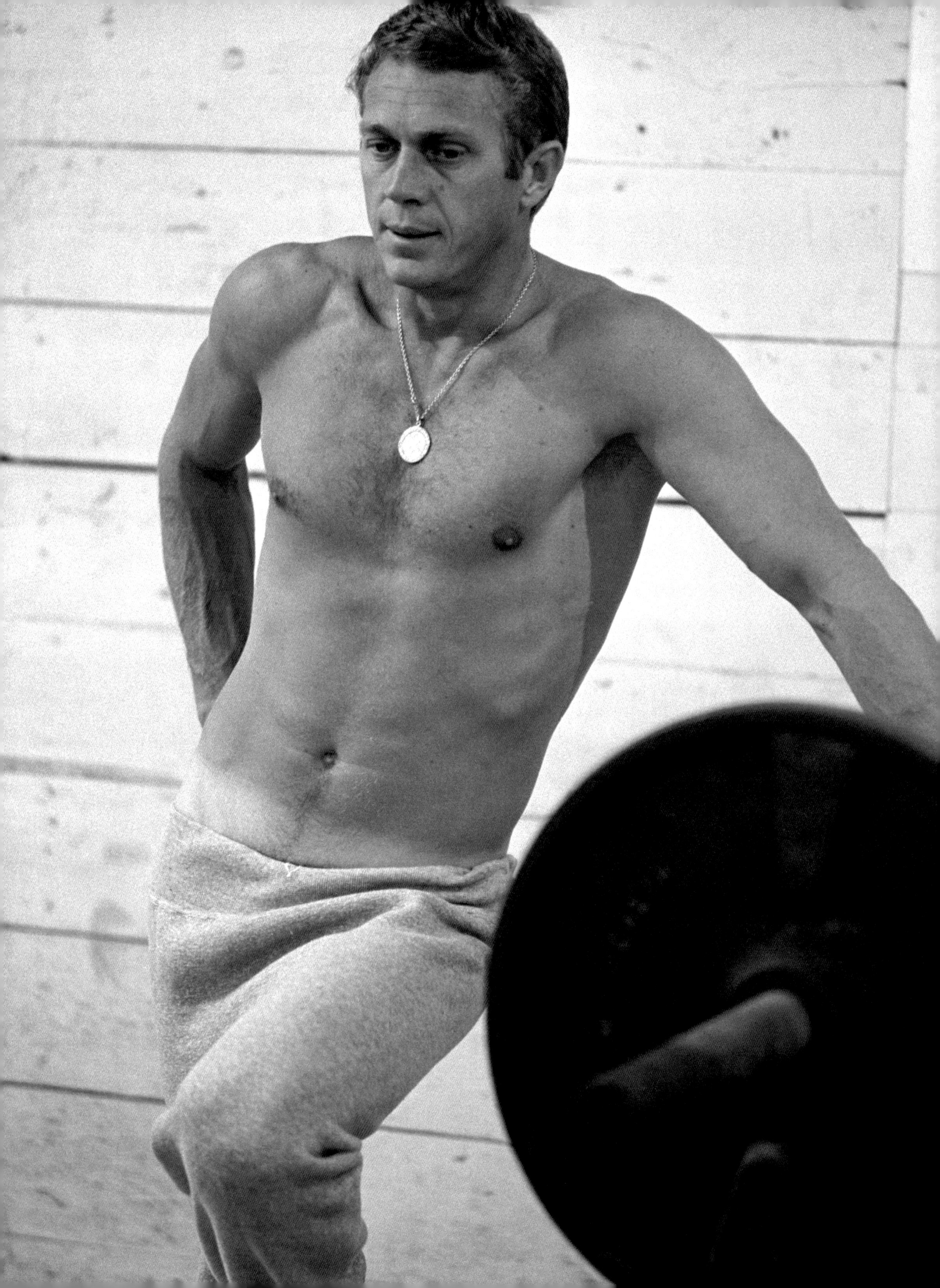

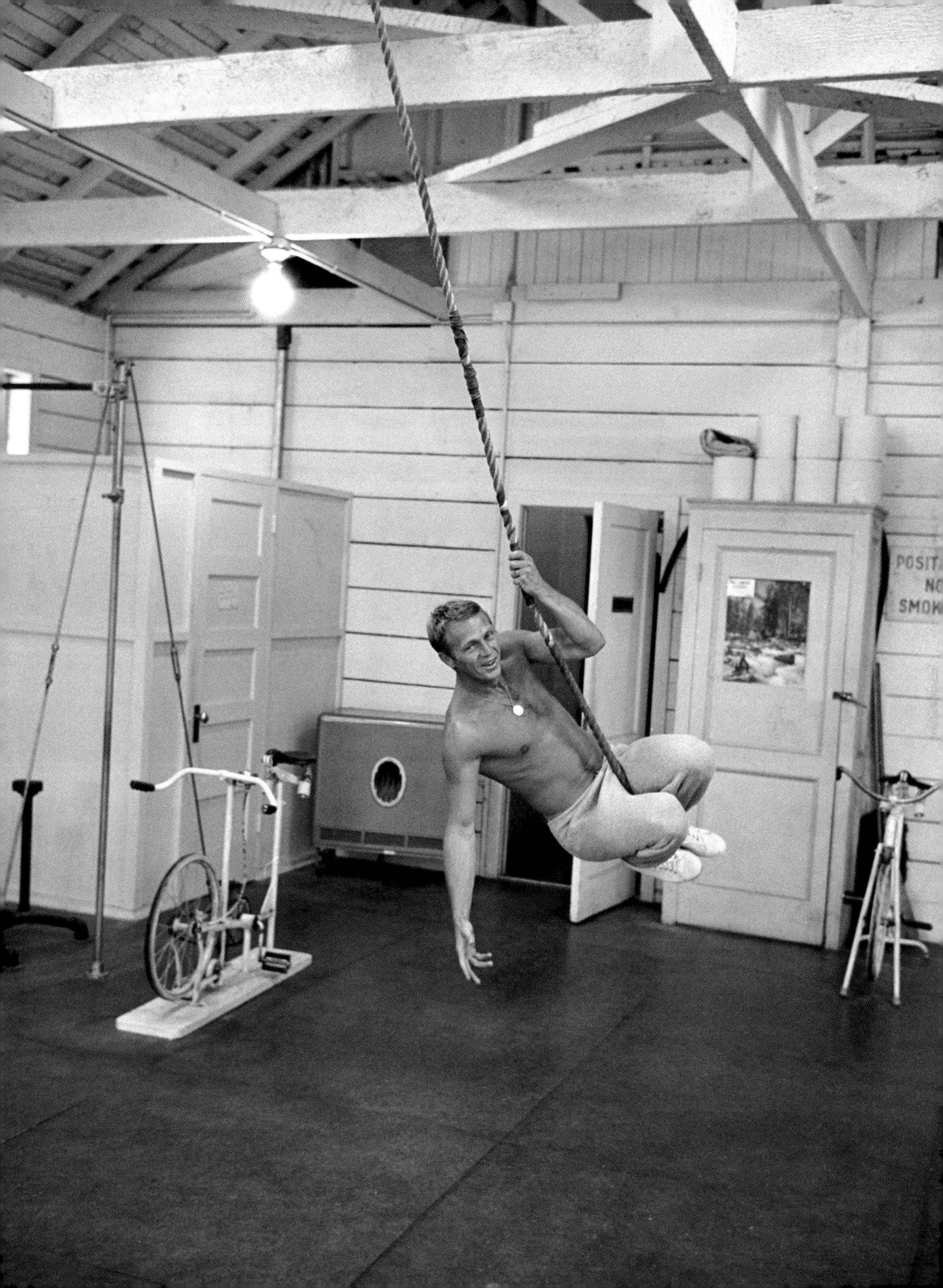

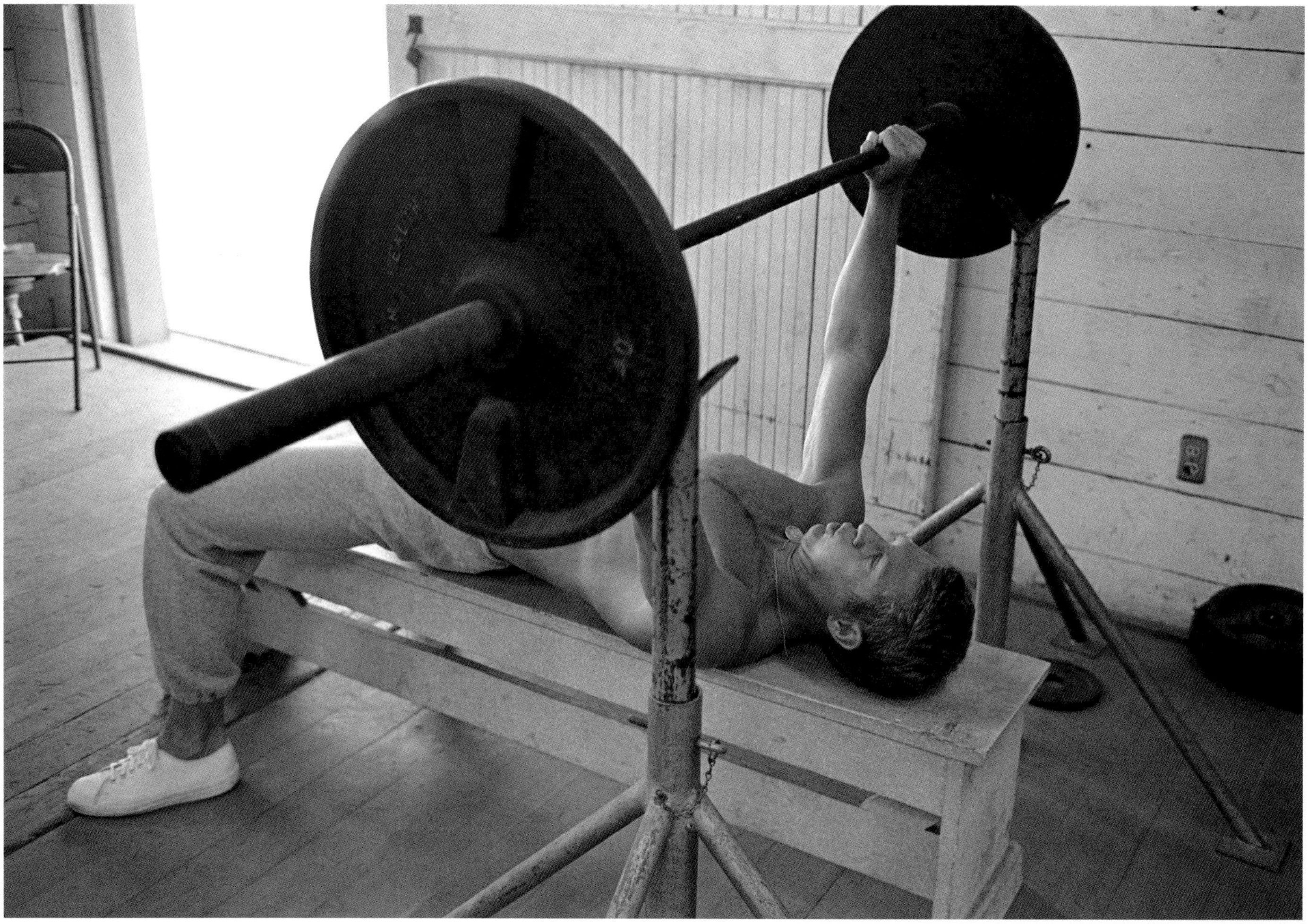

S. 34: Pause zwischen den Geräten

Vorhergehende Seite: Frei schwingend

Diese und folgende Doppelseite: Beim Gewichtstemmen

S. 40–41: Am Boxsack

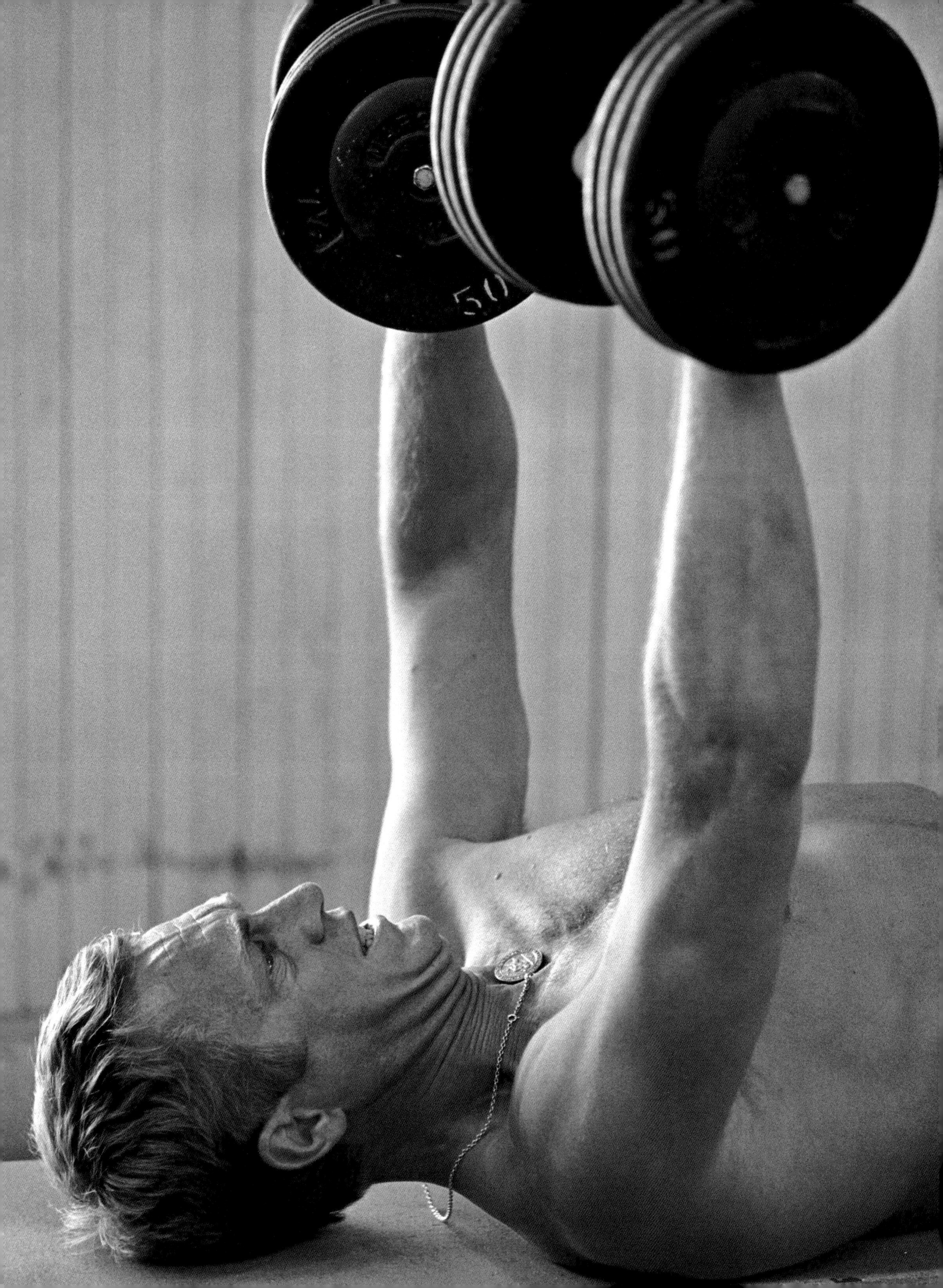

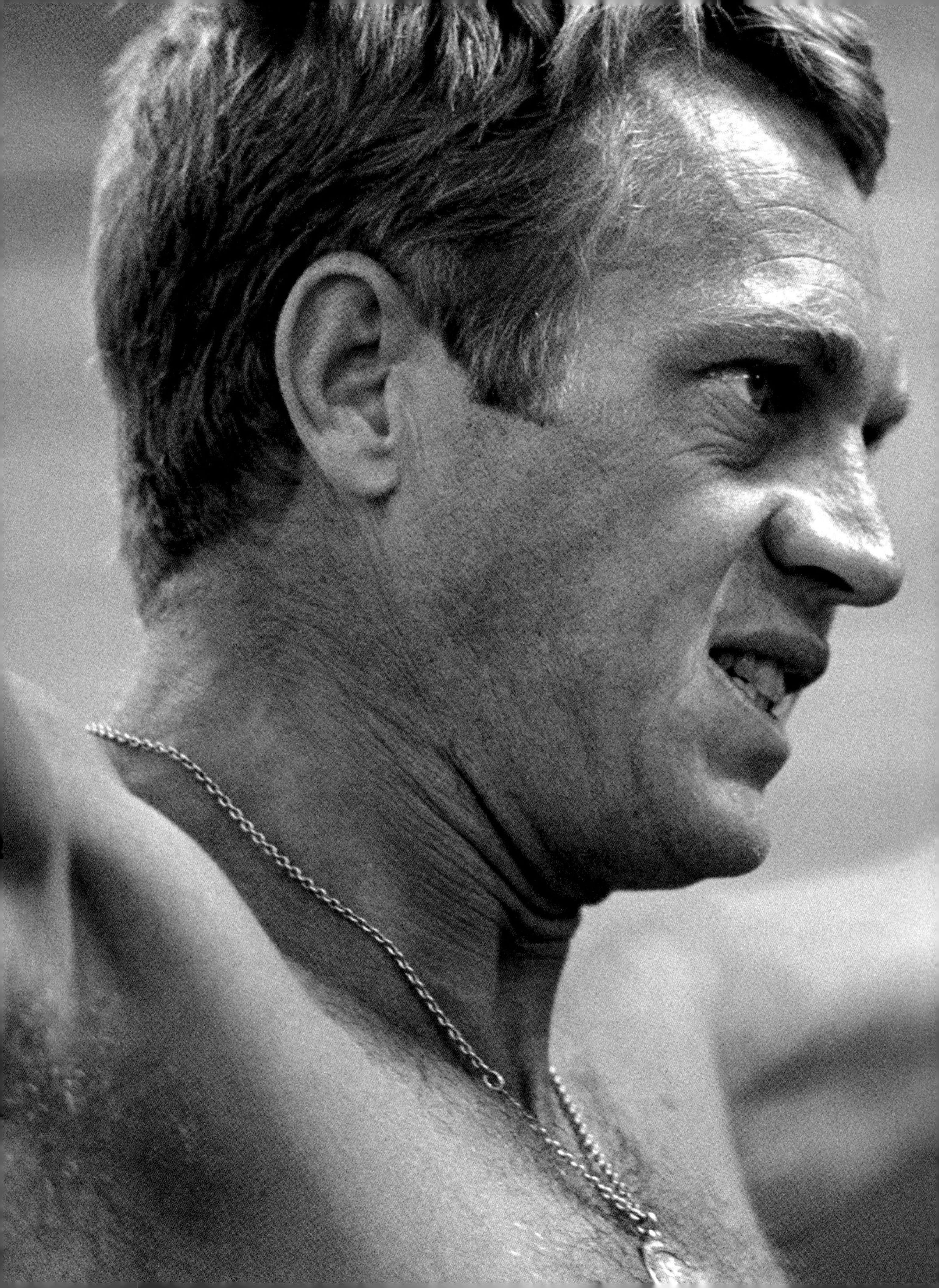

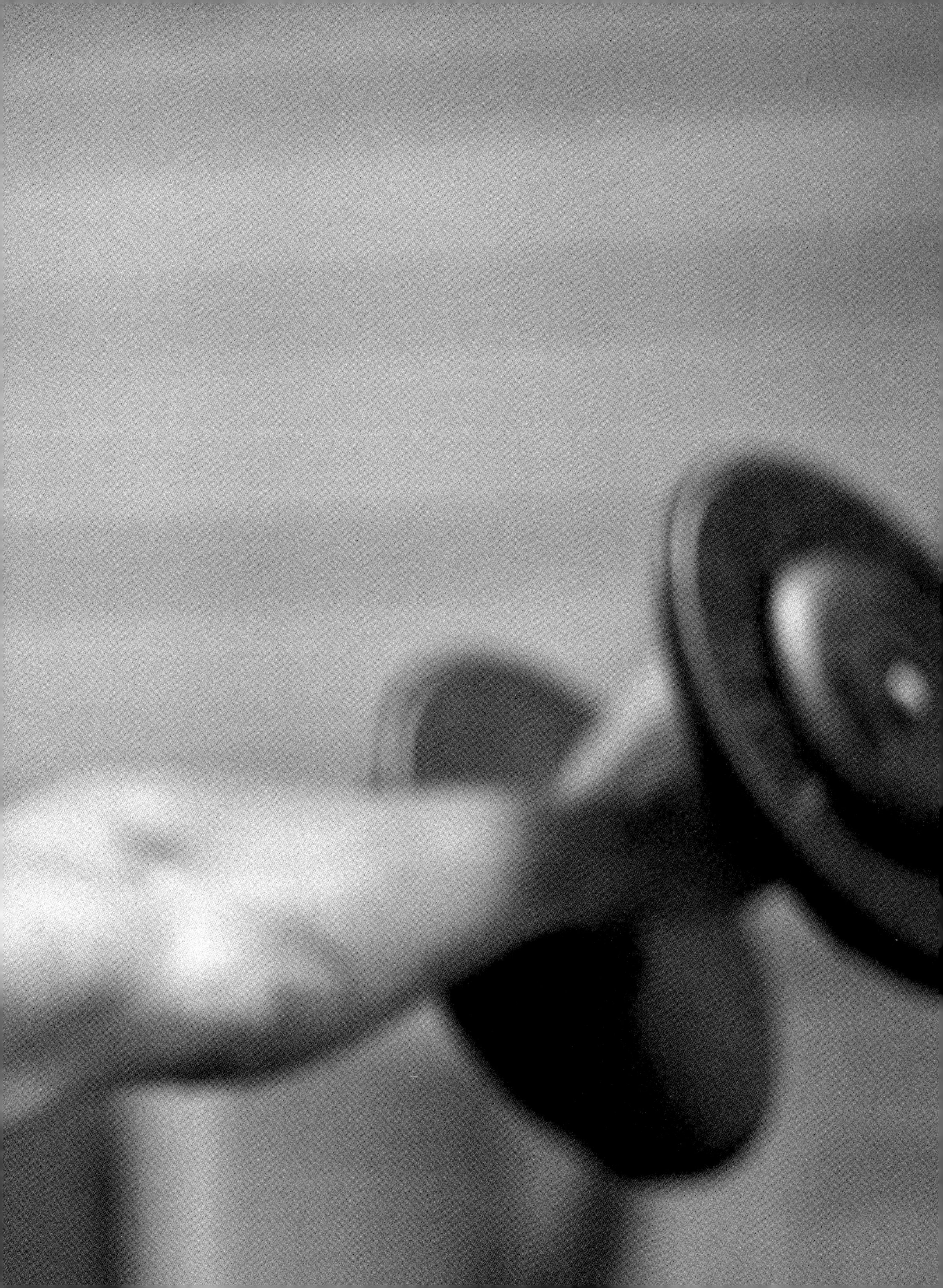

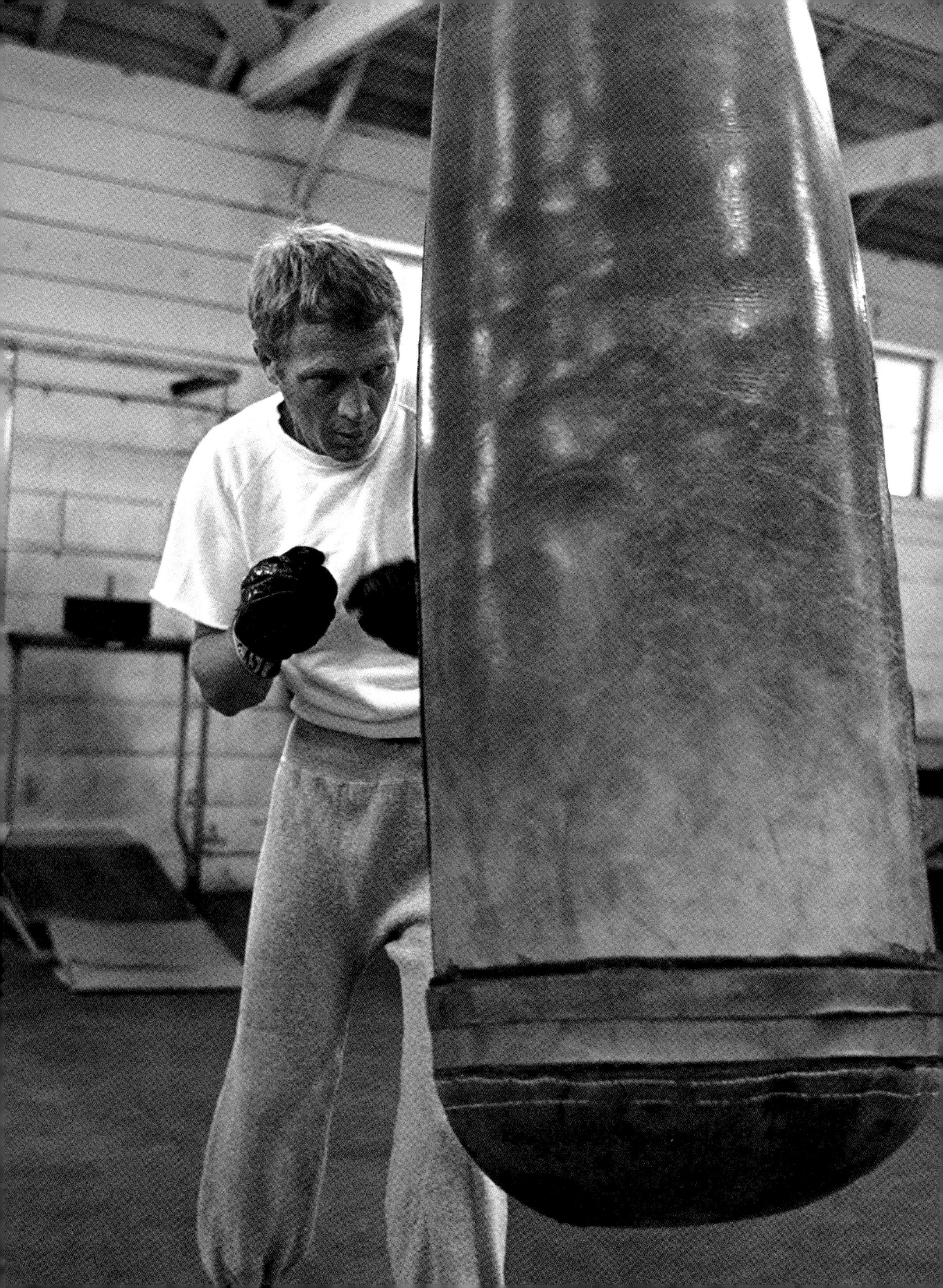

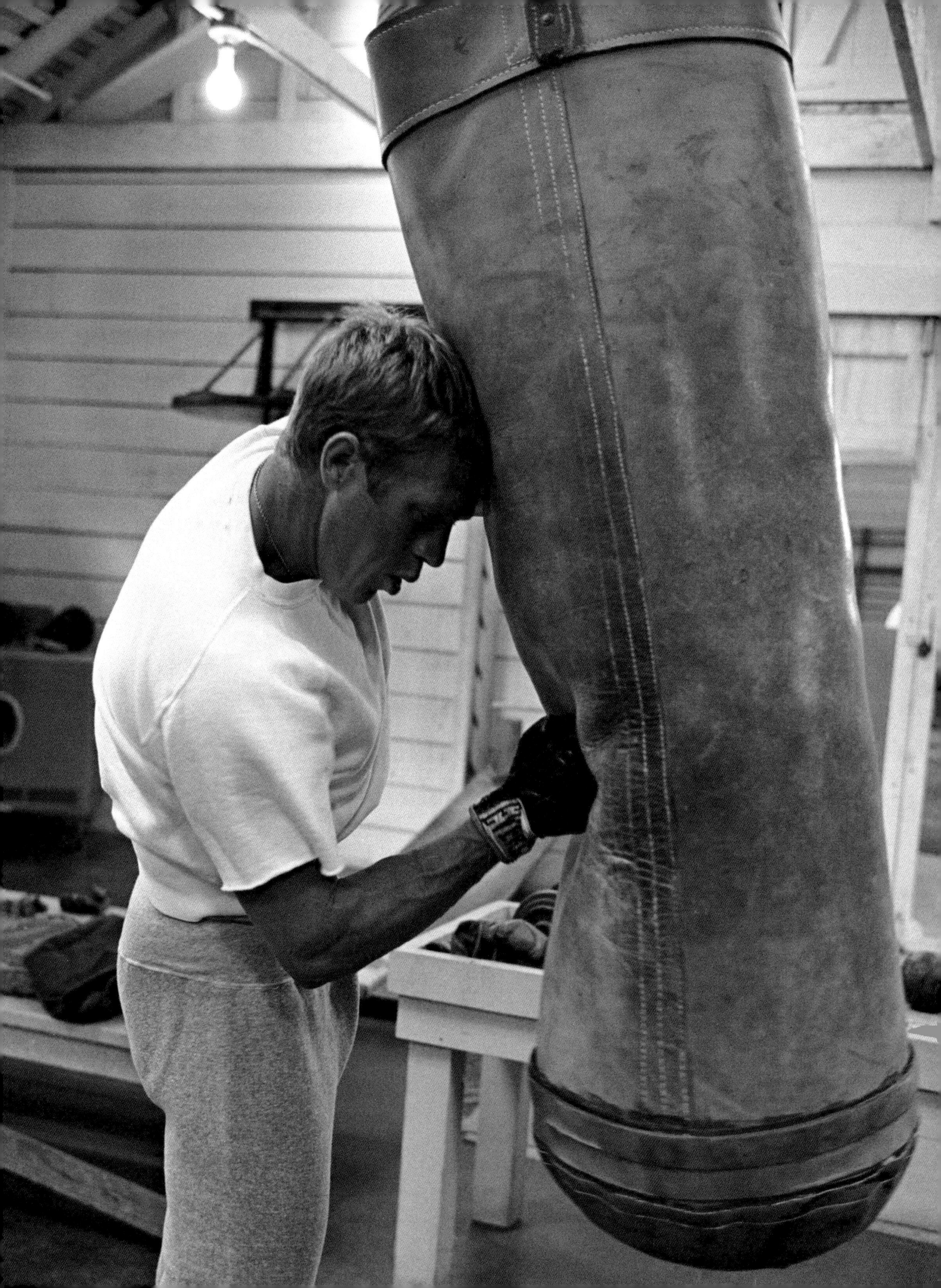

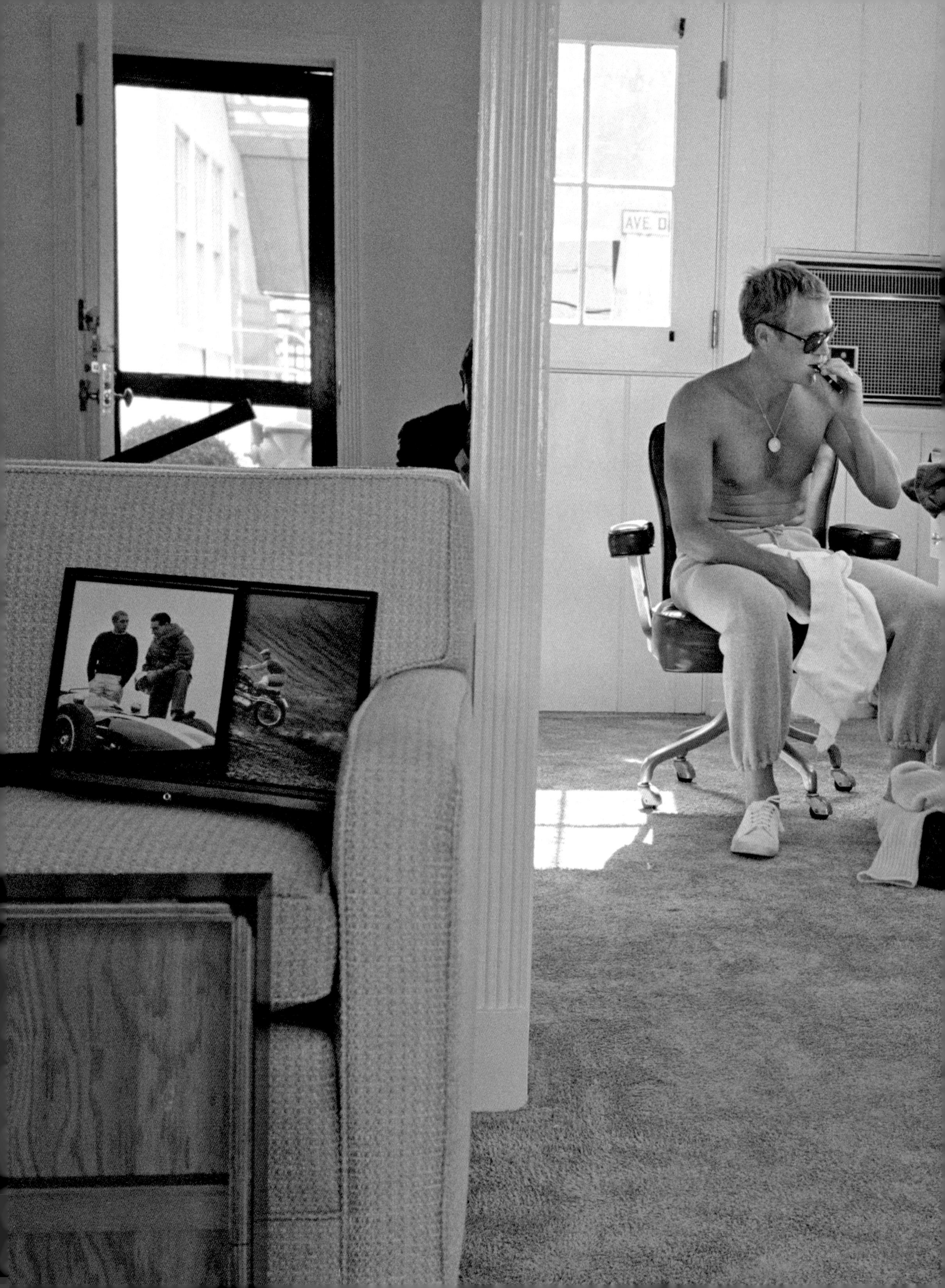
AVE. D

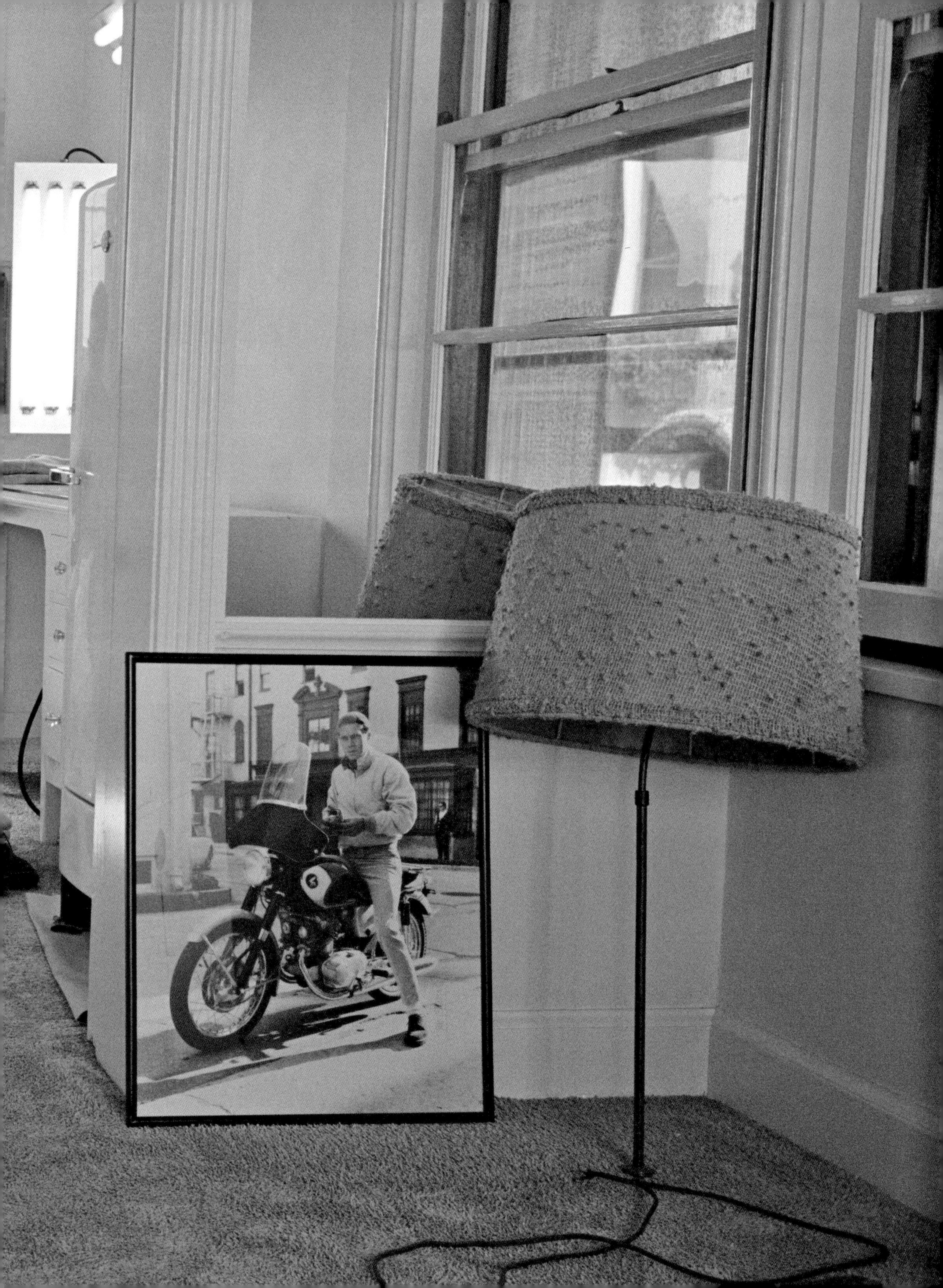

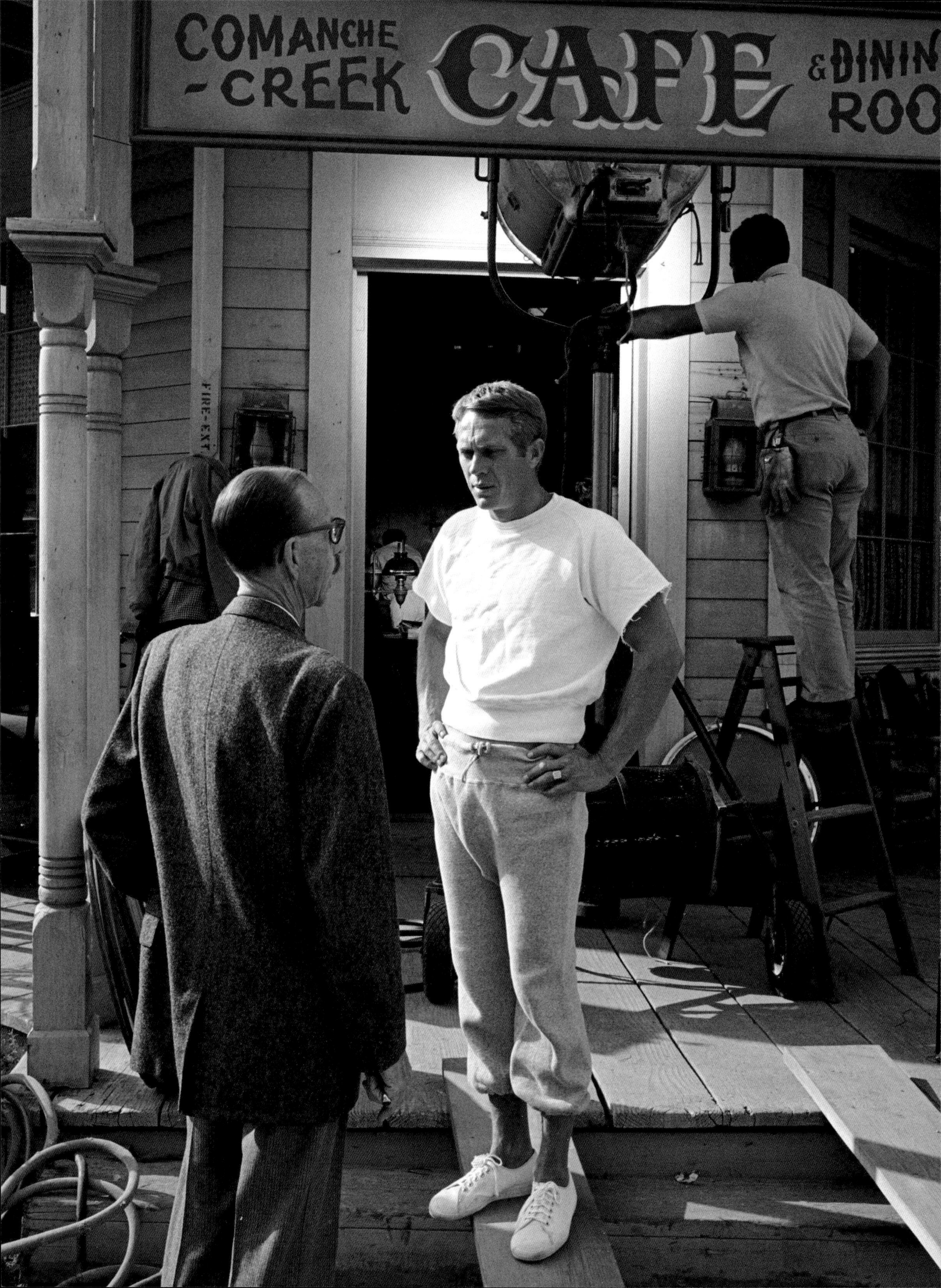
COMANCHE
-CREEK
CAFE

„In seinen Filmen, vor allem in seinen Western, erkennt man eine Linie, die vom Anfang bis zu *Ich, Tom Horn*, dem letzten von 1980, führt – die gereifte Westernfigur, die McQueen darin spielte. Ihm ging es um Authentizität, Wahrhaftigkeit, Aufrichtigkeit."

Peter Yates

S. 42–43:
In der Studiogarderobe

Gegenüberliegende Seite:
Ein kleiner Plausch hinter den Kulissen

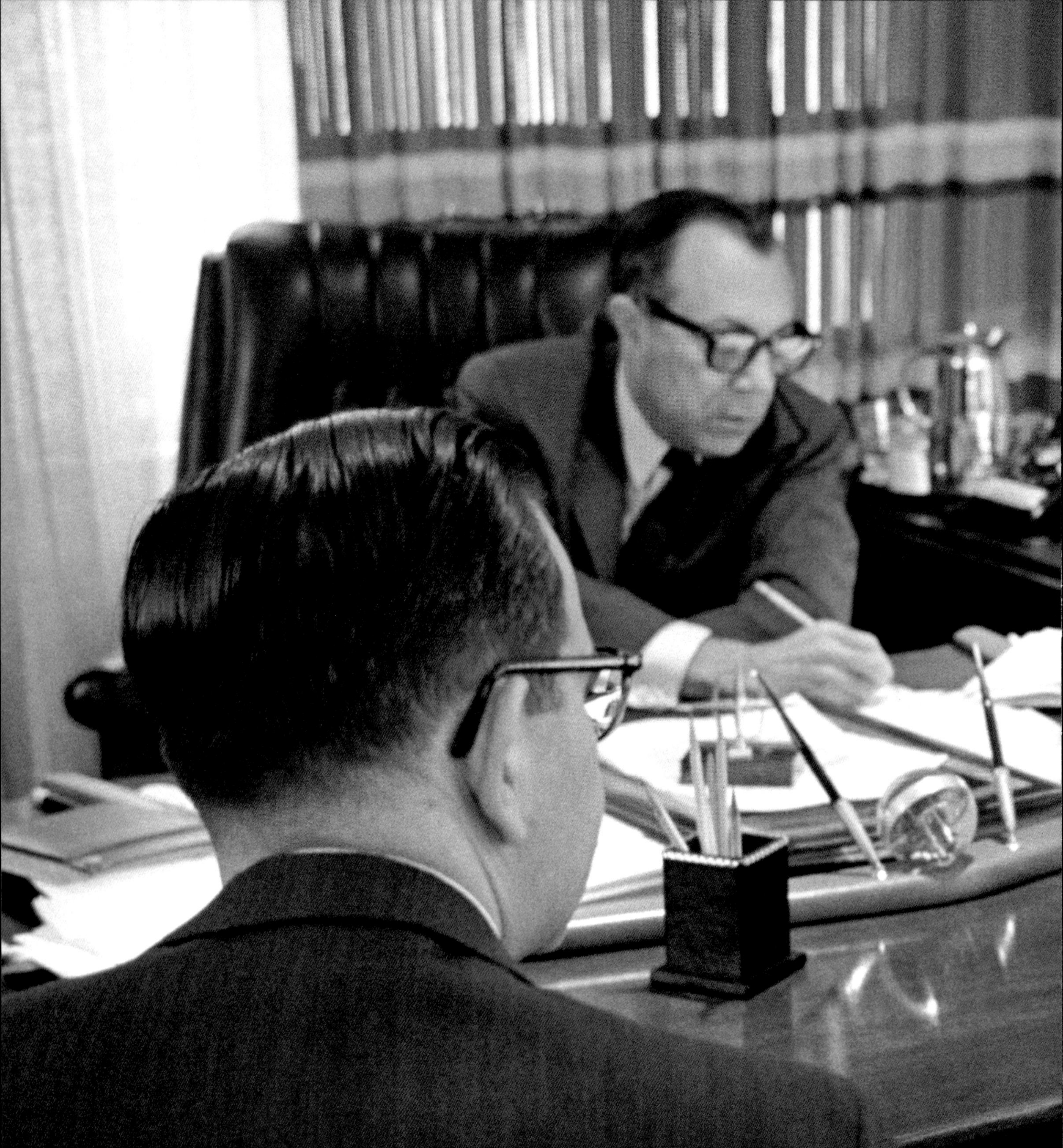

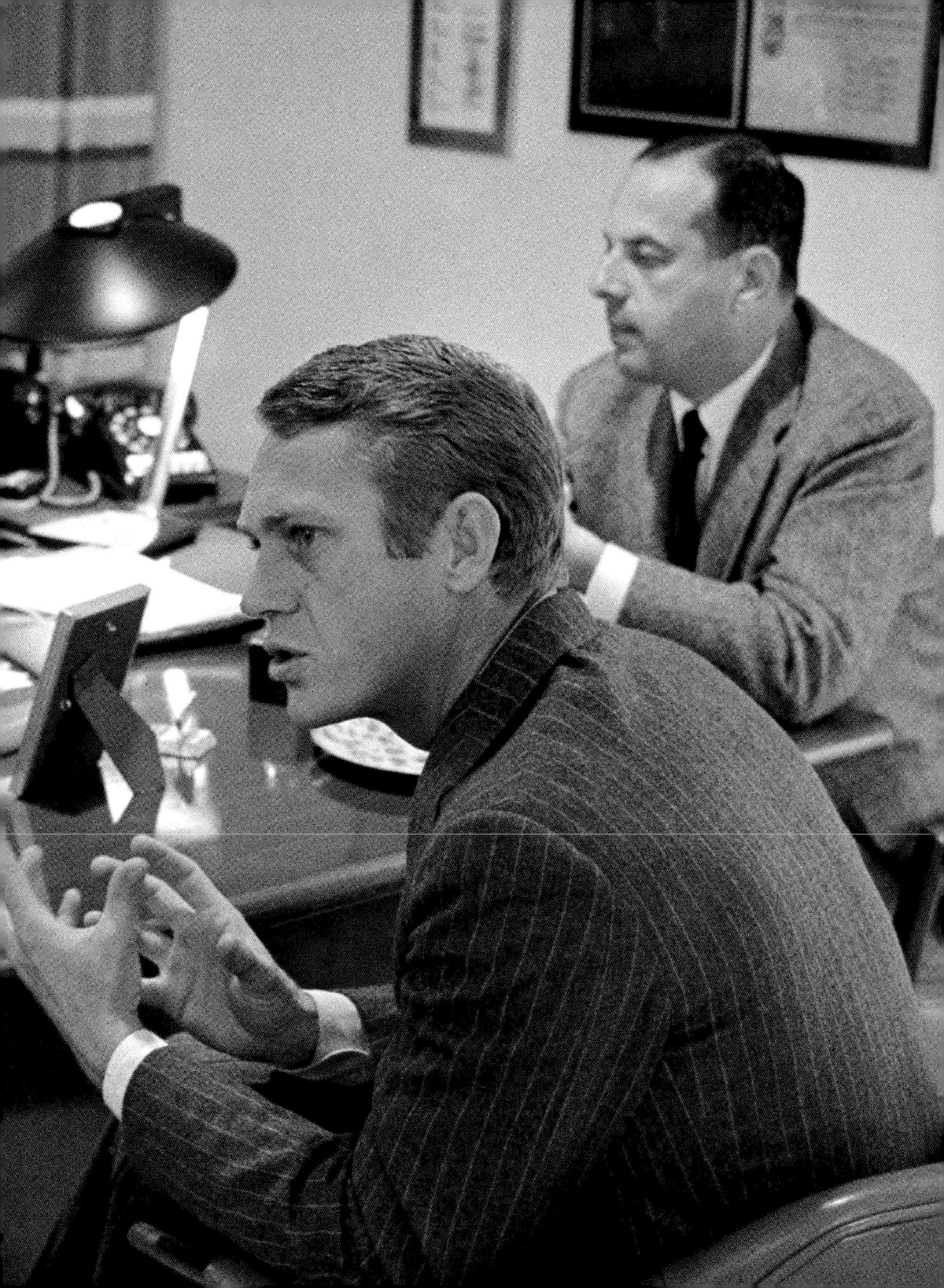

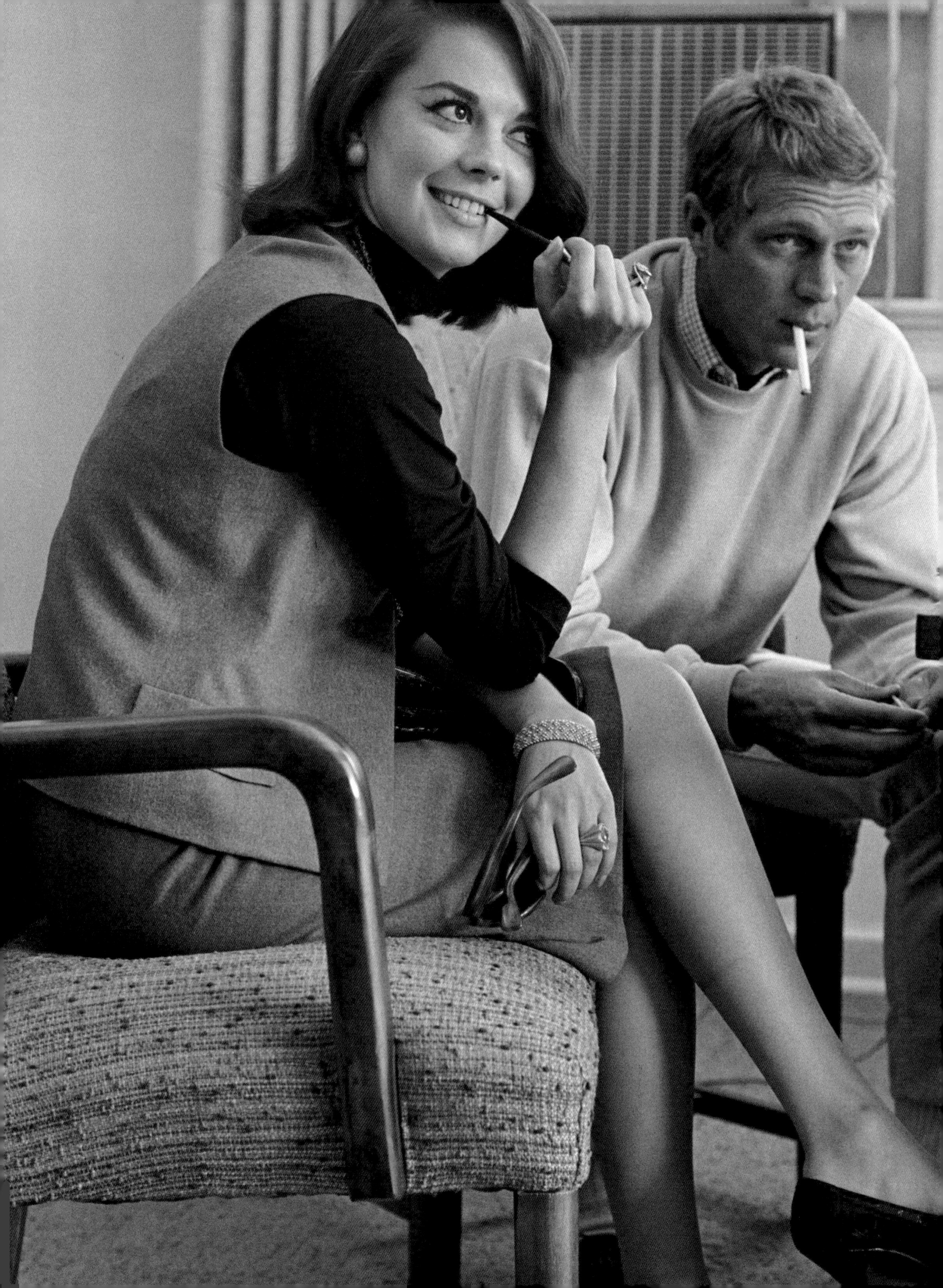

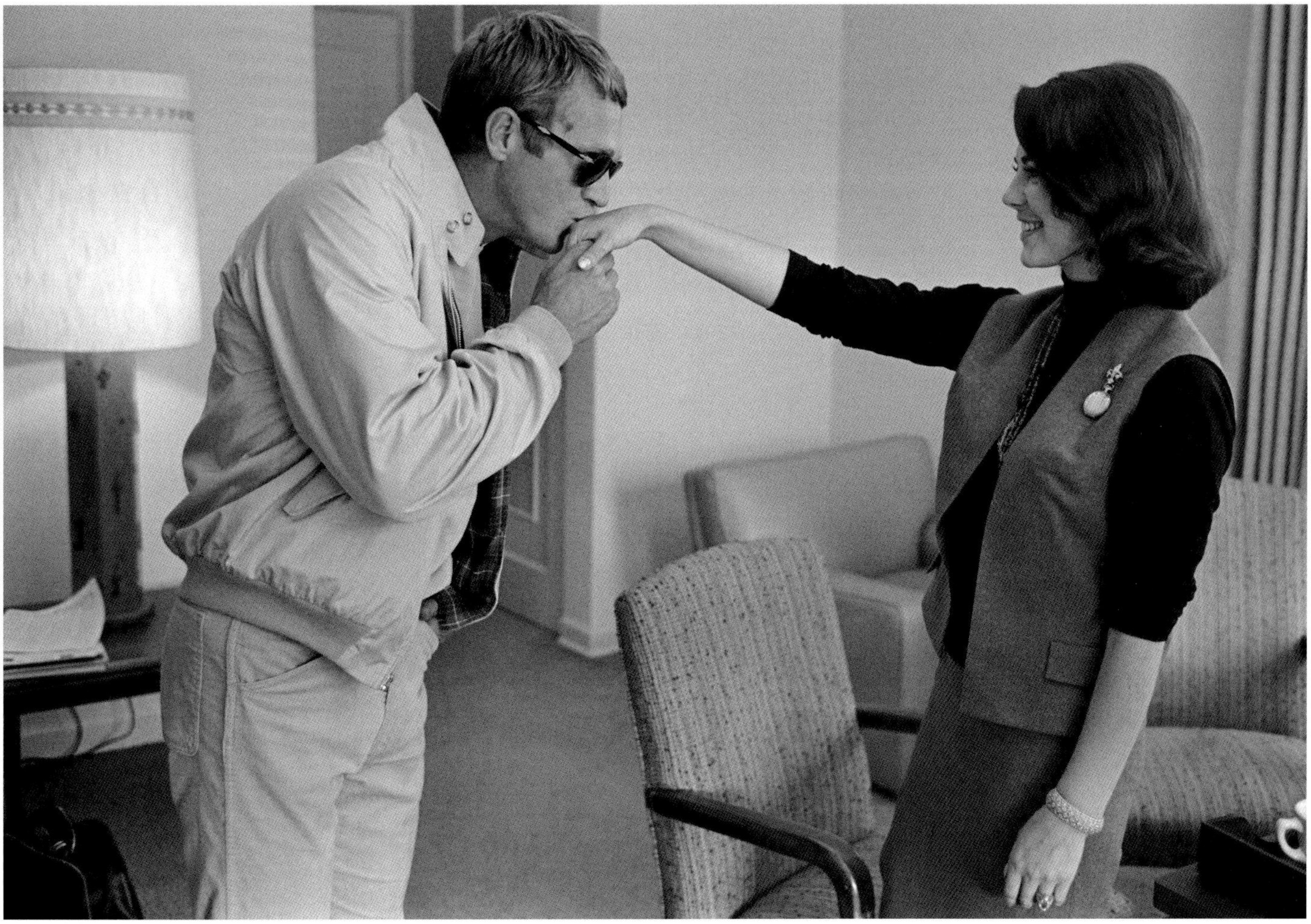

S. 46–47: Verhandlungen mit Hollywood-Bossen

Gegenüberliegende Seite: Steve mit Natalie Wood

Oben: Ein Handkuss zum Abschied

Folgende Doppelseite: Schneller Abgang

S. 52–53: Interview bei einer Hollywood-Premiere

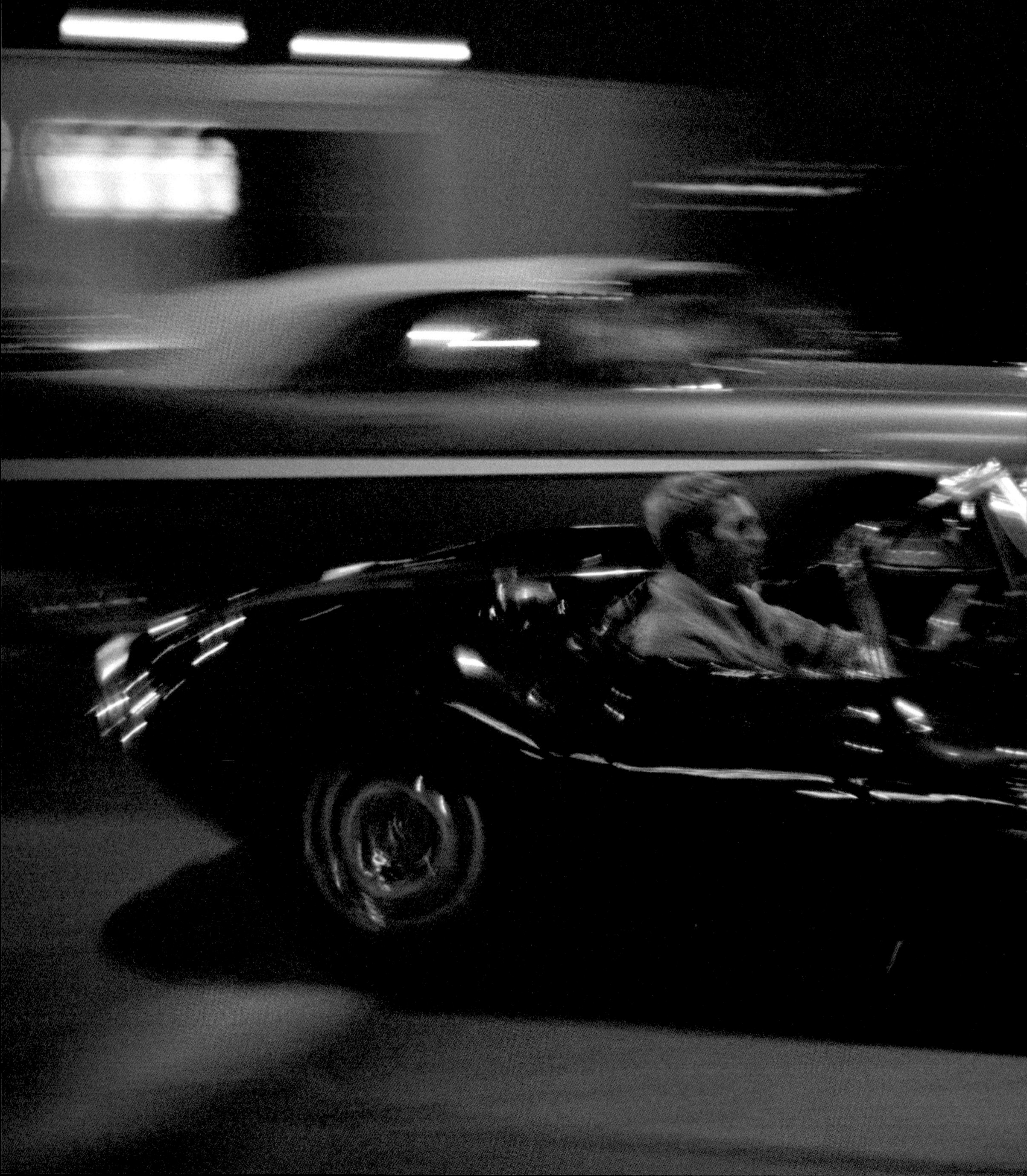

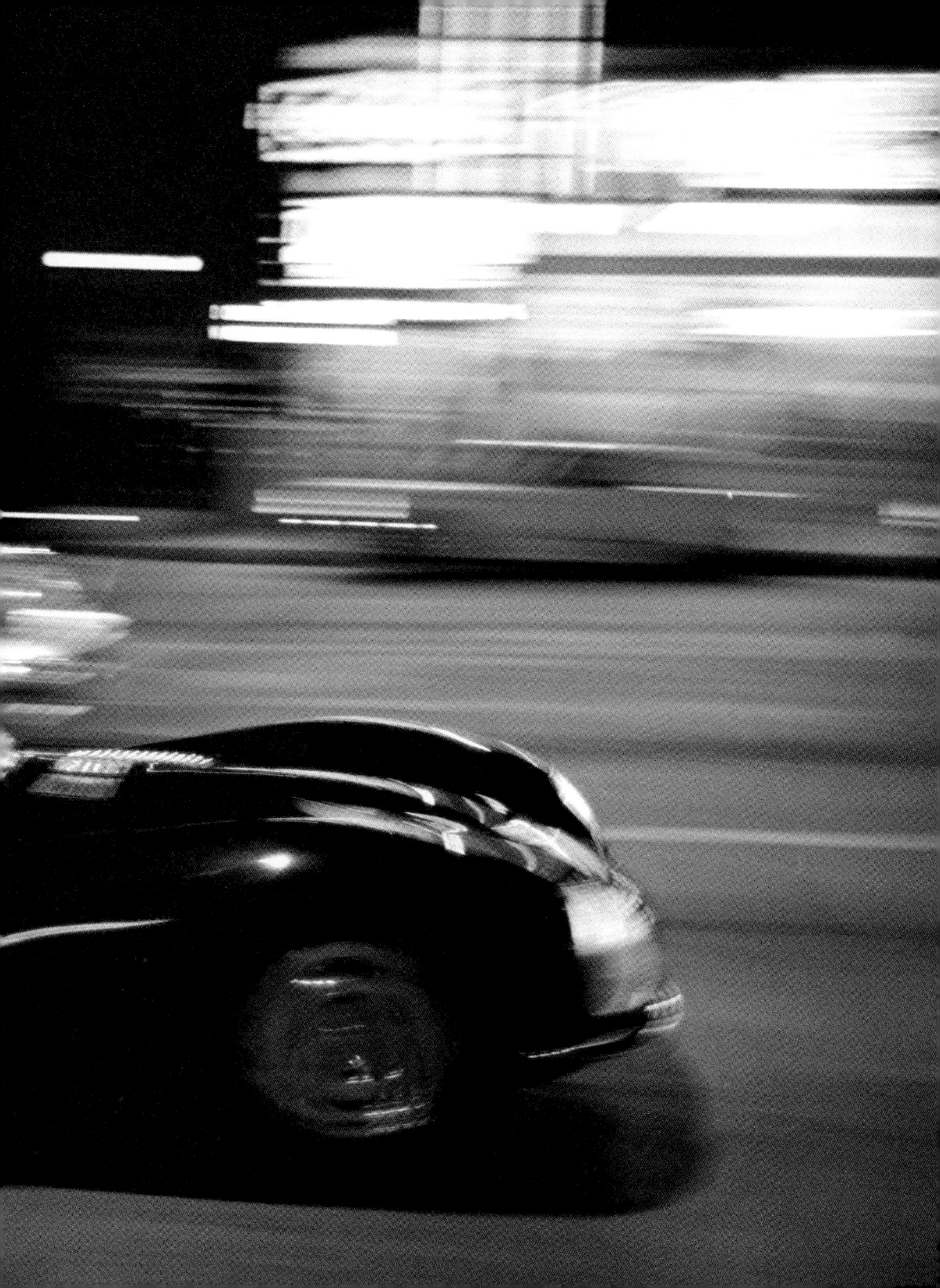

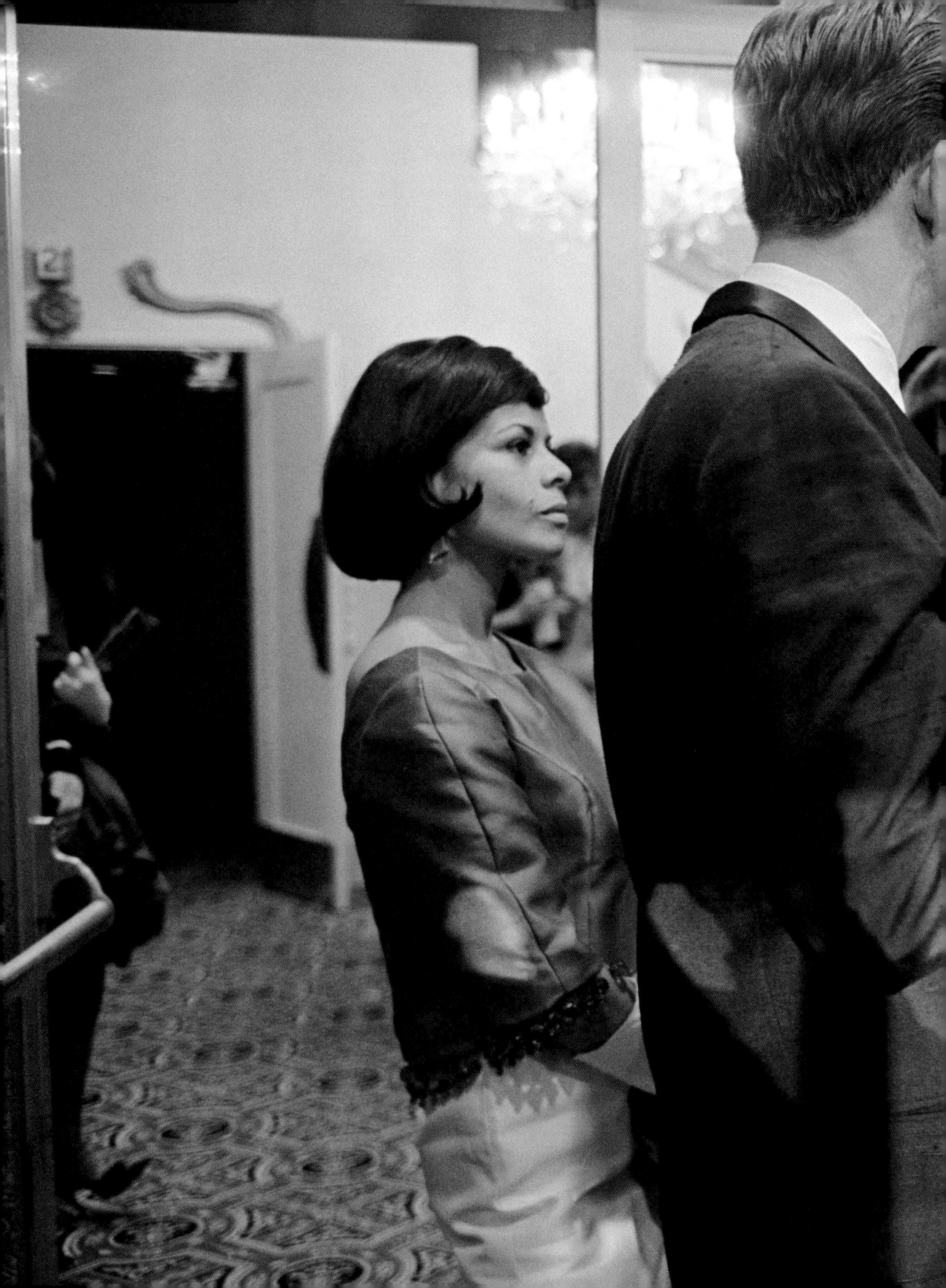

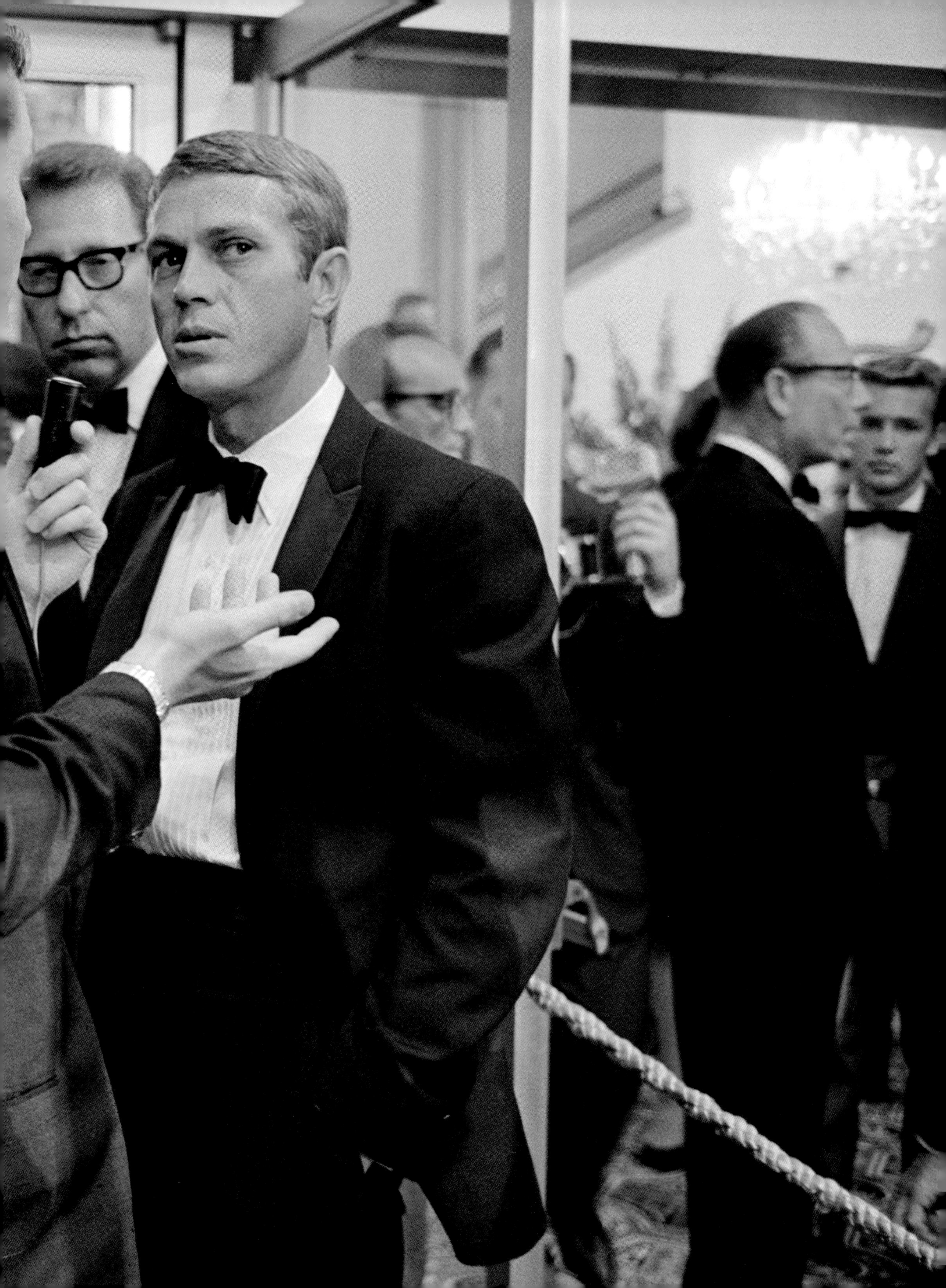

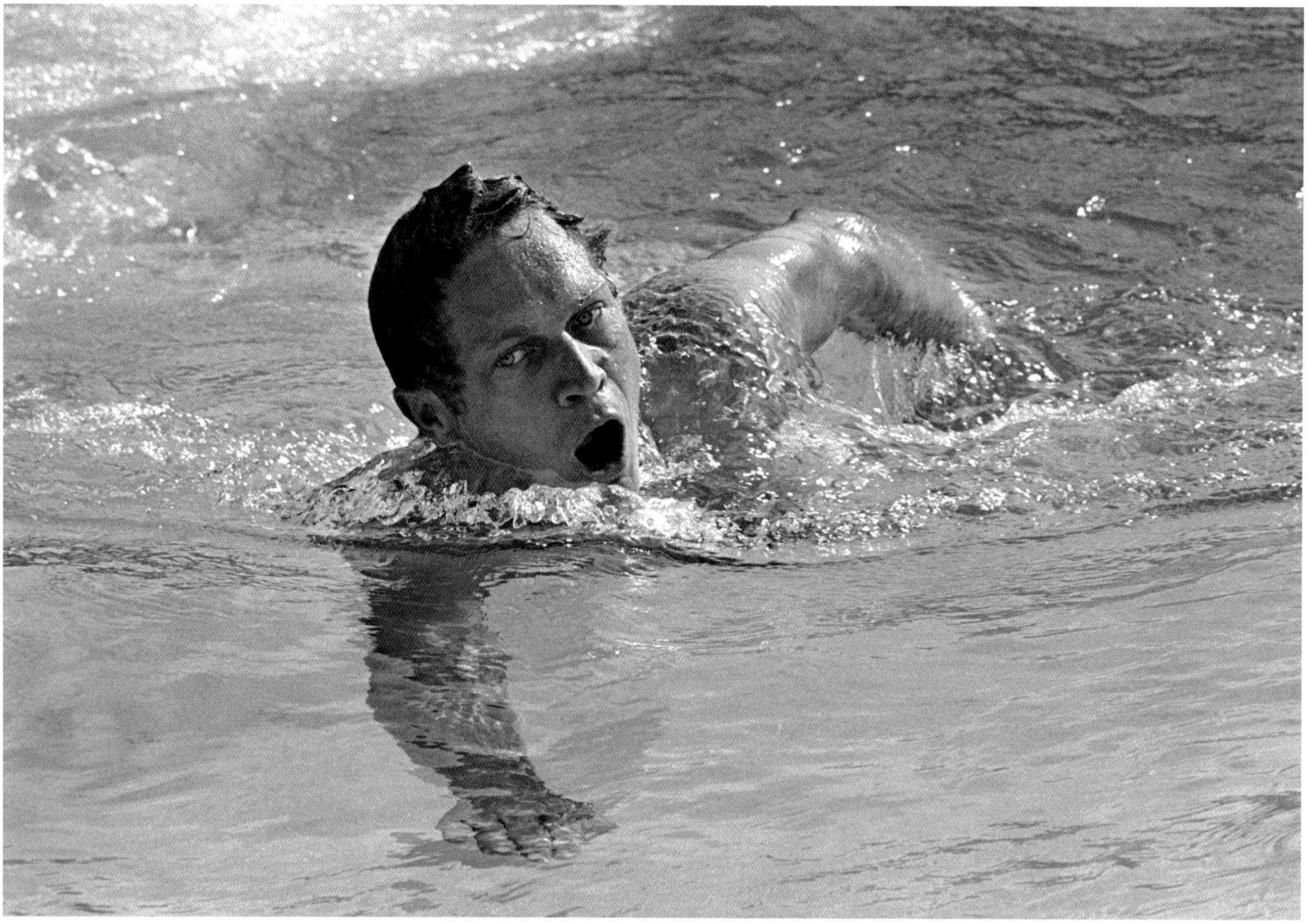

Oben: Schwimmen im heimischen Pool

Gegenüberliegende Seite: Am Pool

S. 56–57: Direkt aus dem Karton

S. 58: Bei der Lektüre der Wirtschaftszeitung

S. 59: Trautes Heim, Glück zu zwein – mit seiner Frau Neile

S. 60–61: Kuscheln am Pool

S. 62: Eine Runde Beine vertreten

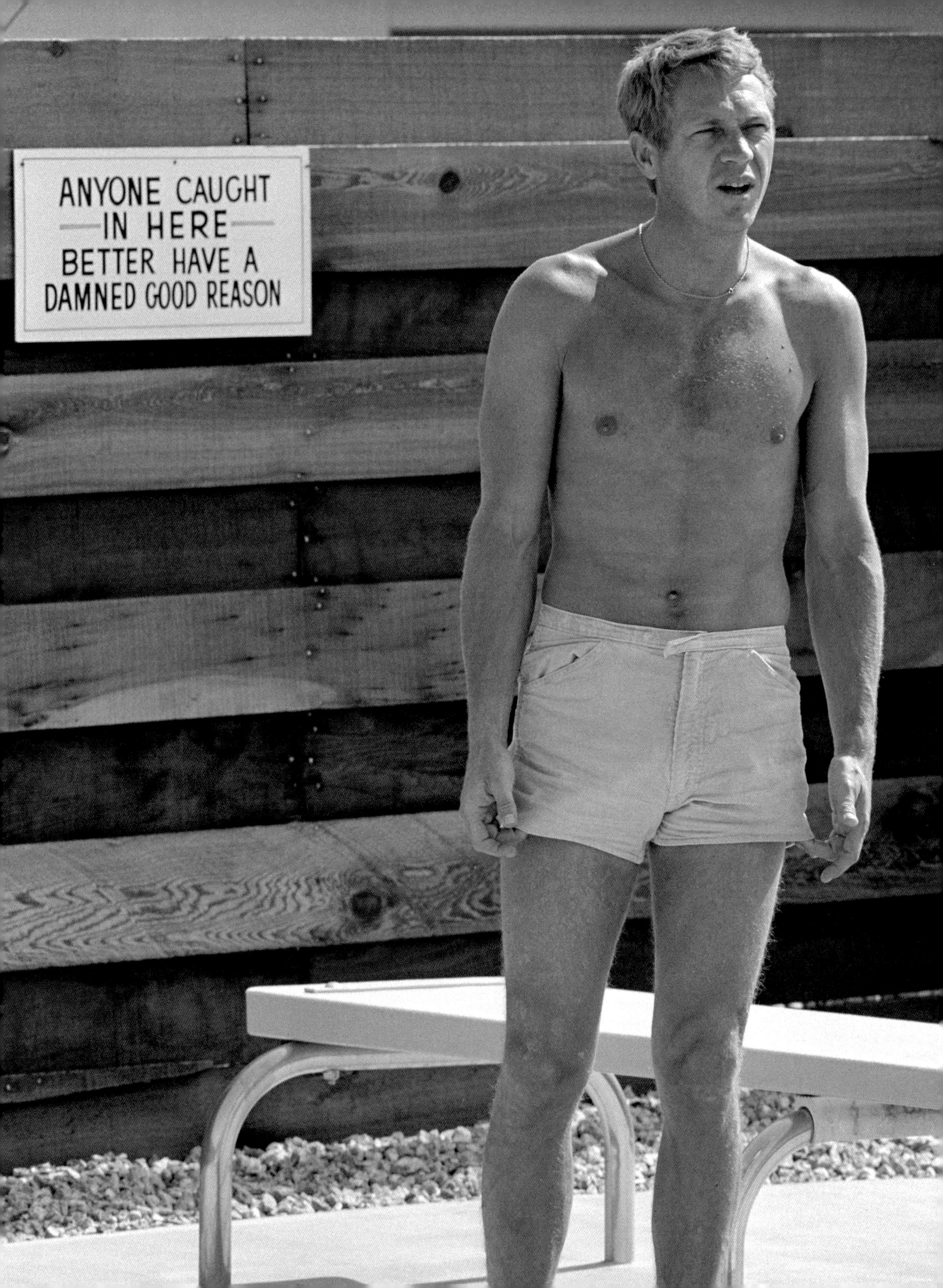
ANYONE CAUGHT
IN HERE
BETTER HAVE A
DAMNED GOOD REASON

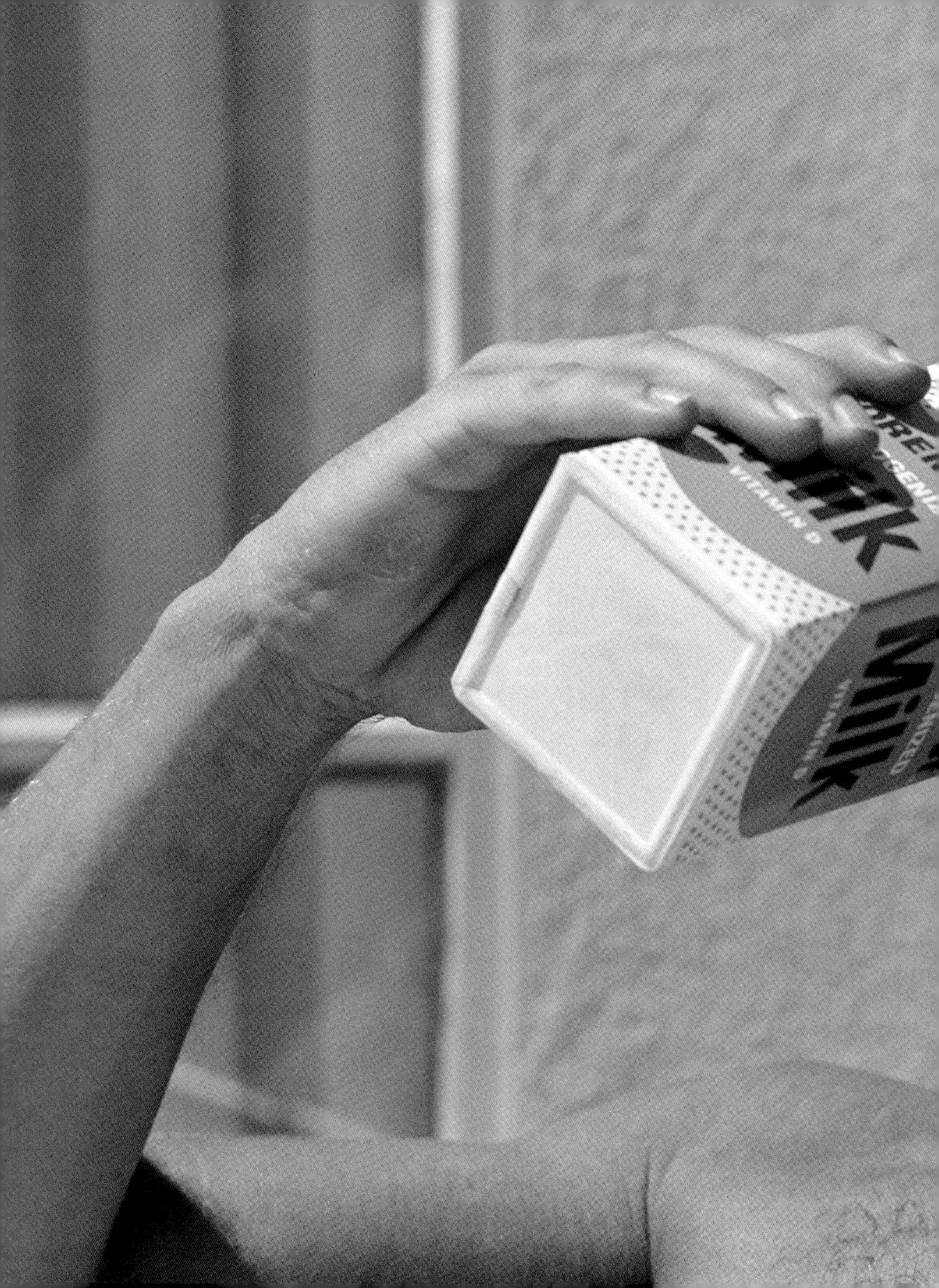

Milk
VITAMIN D
Milk
VITAMIN D

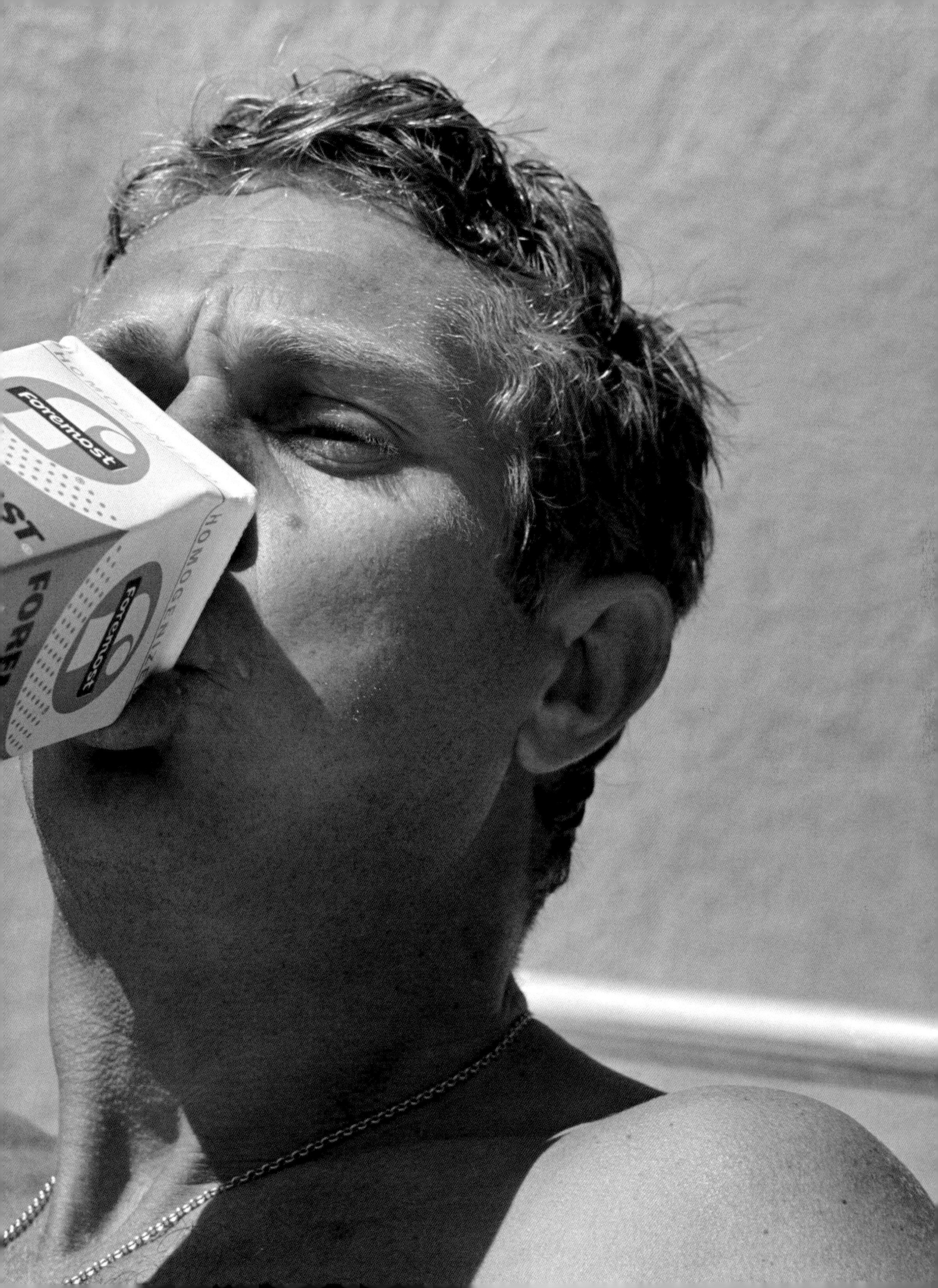
Foremost
Foremost

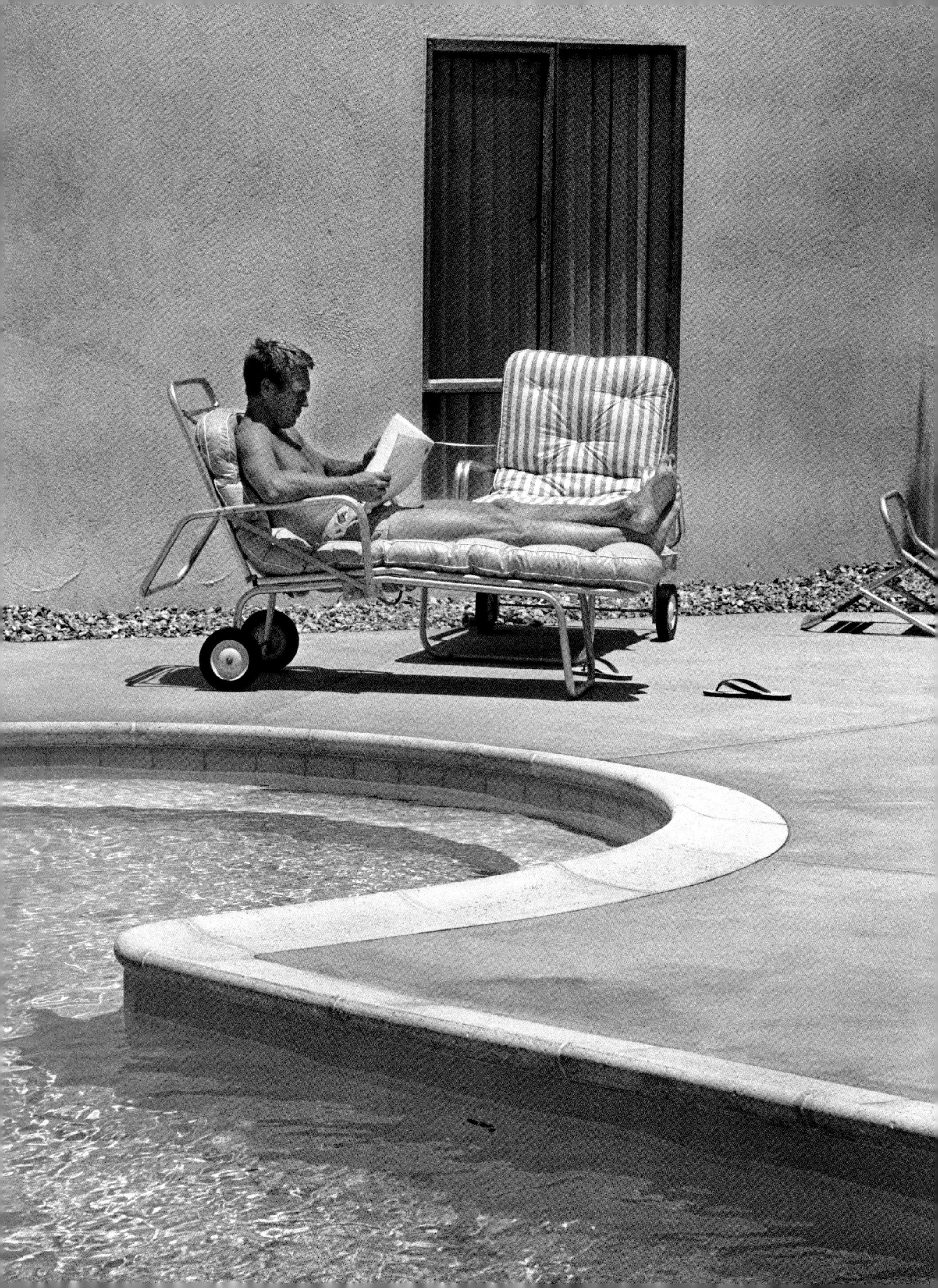

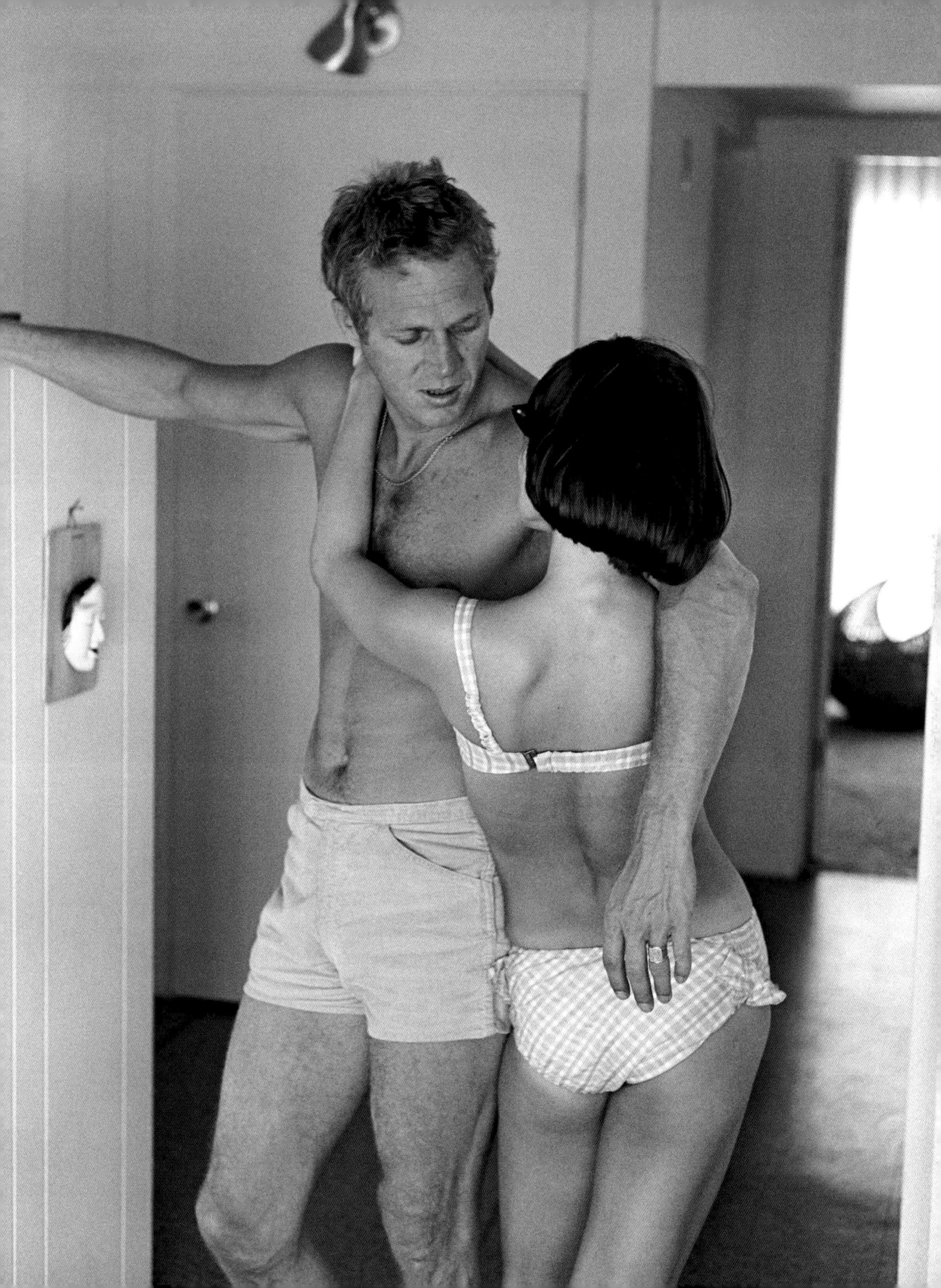

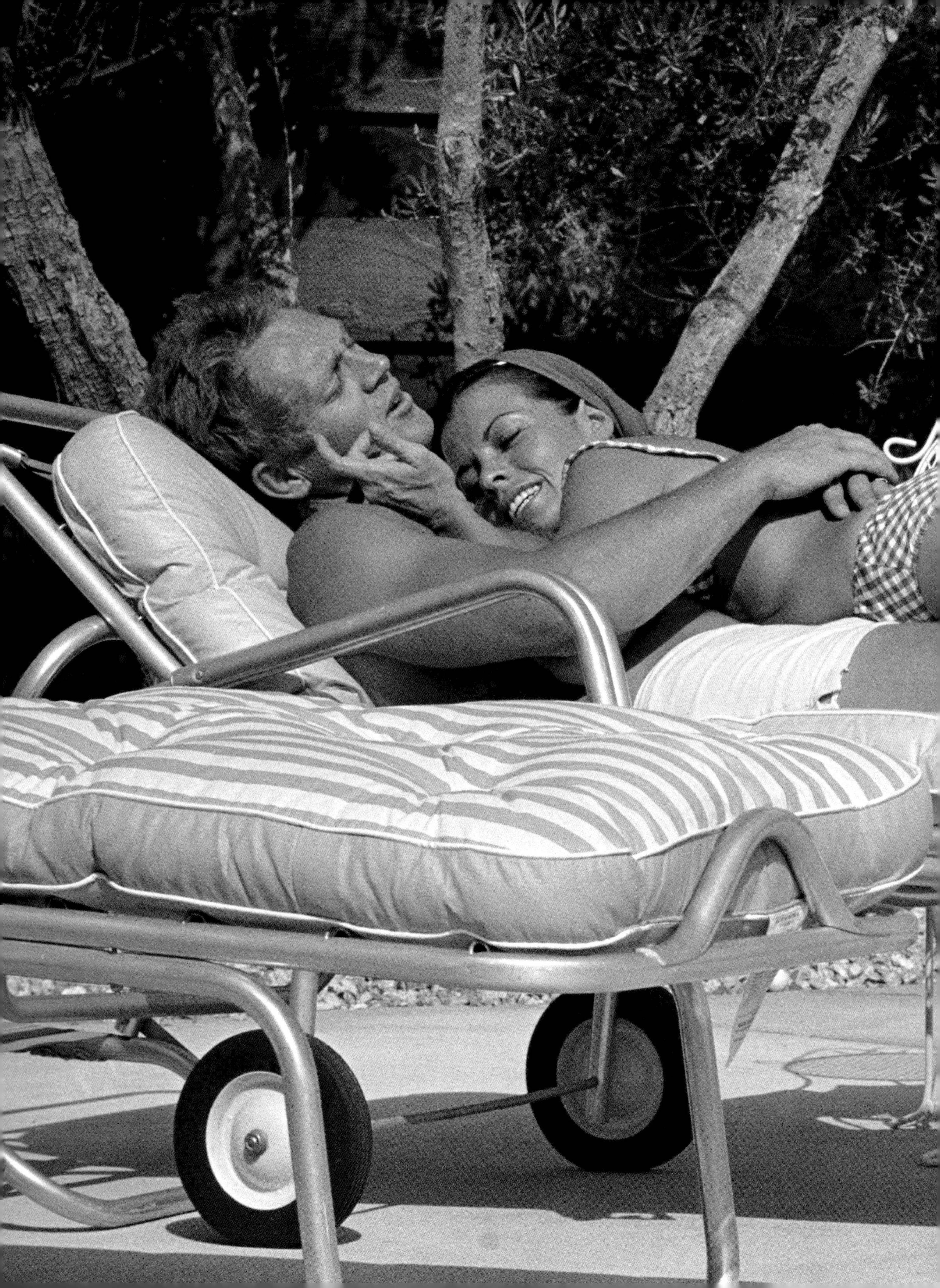

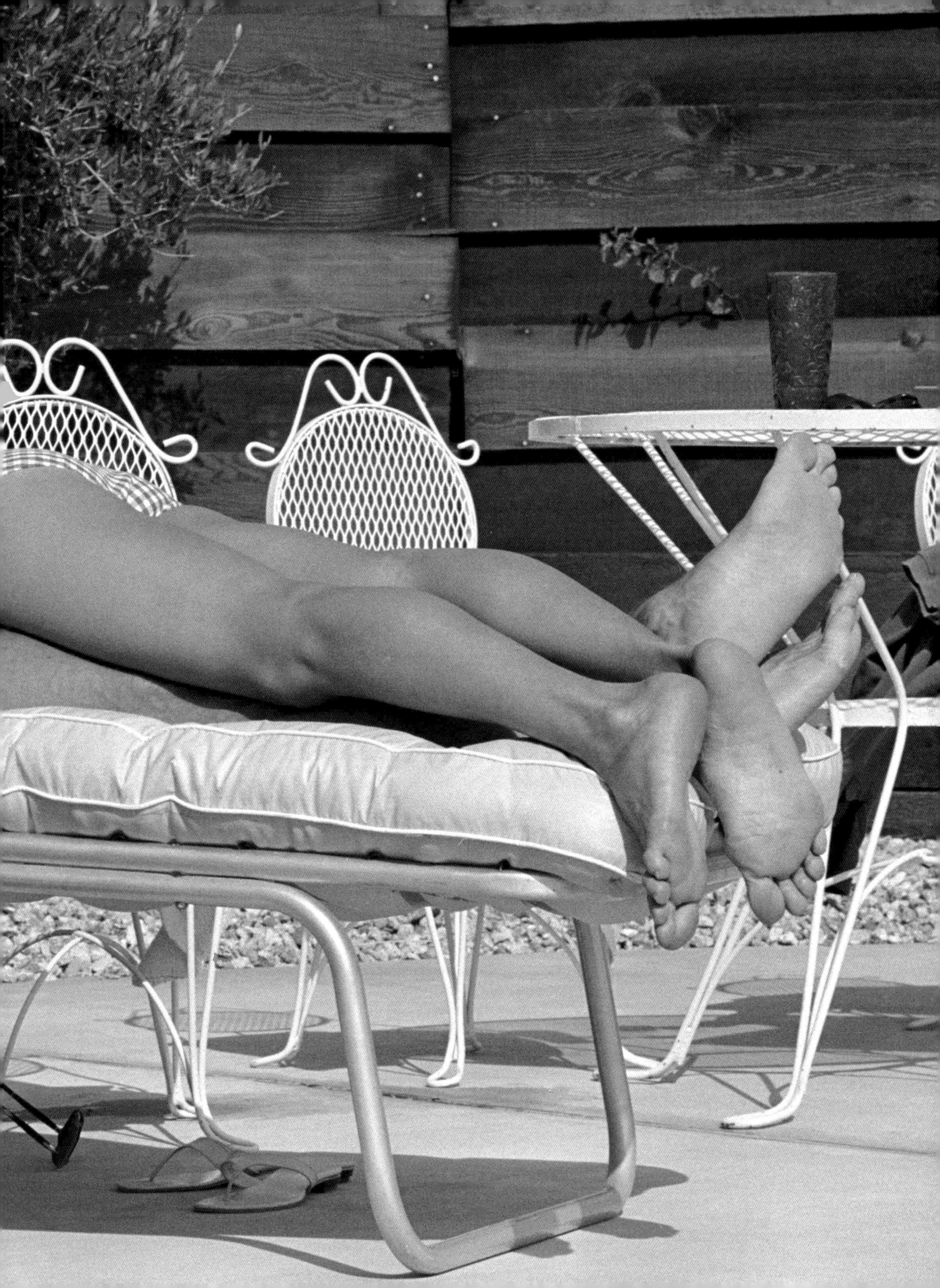

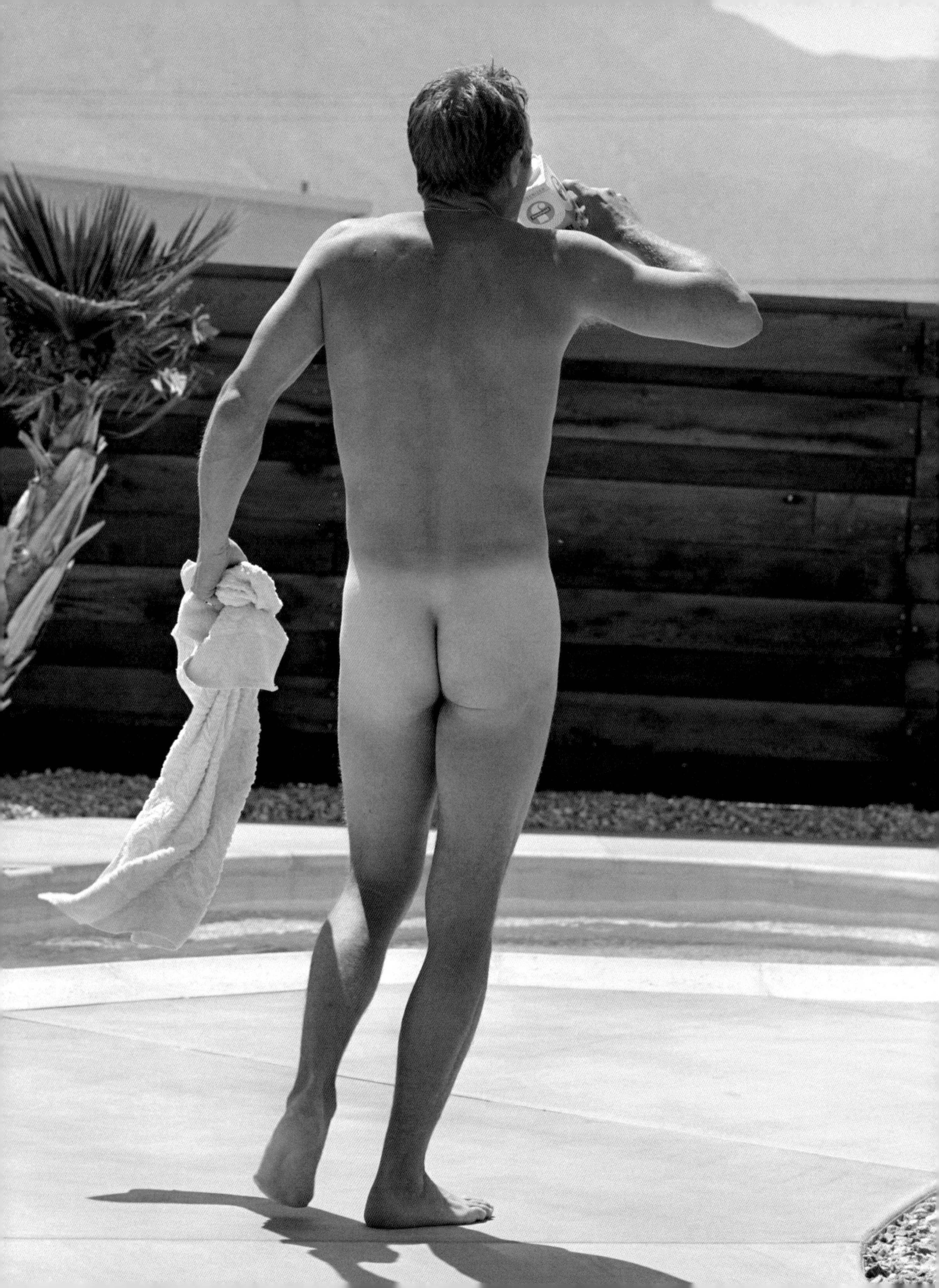

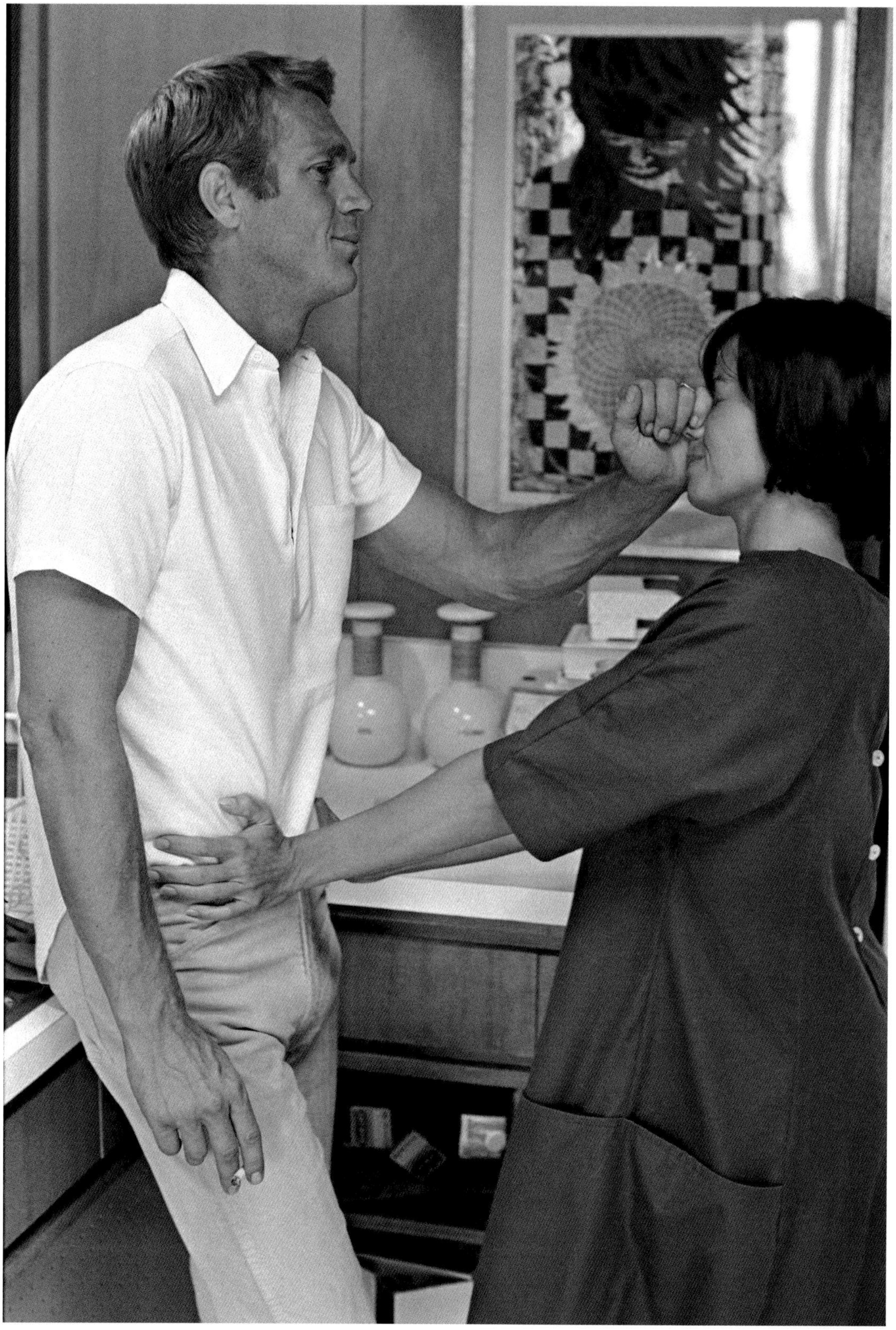

Oben: Quatsch machen zu Hause in Hollywood

Gegenüberliegende Seite: Steve mit seinem Sohn Chad

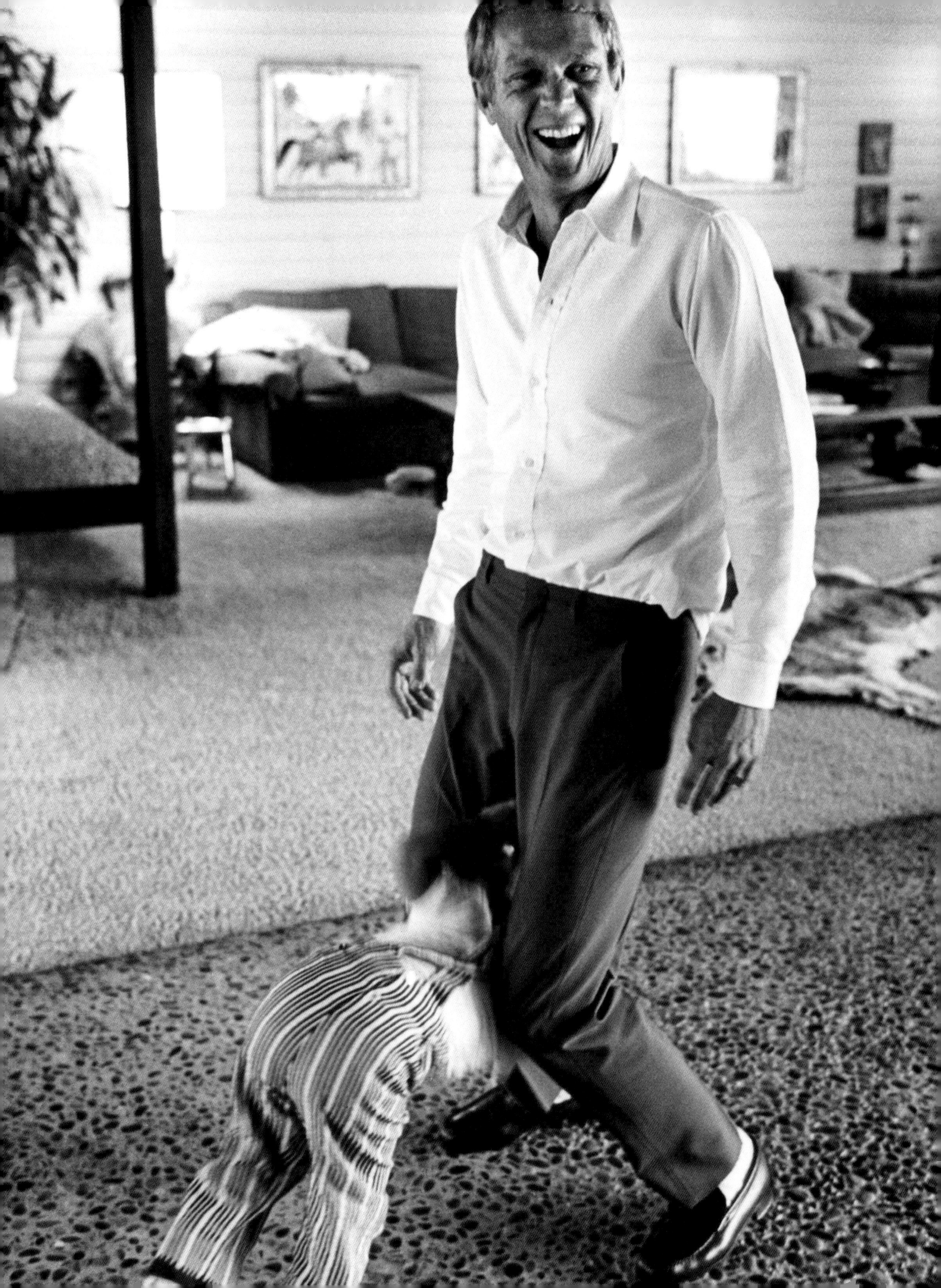

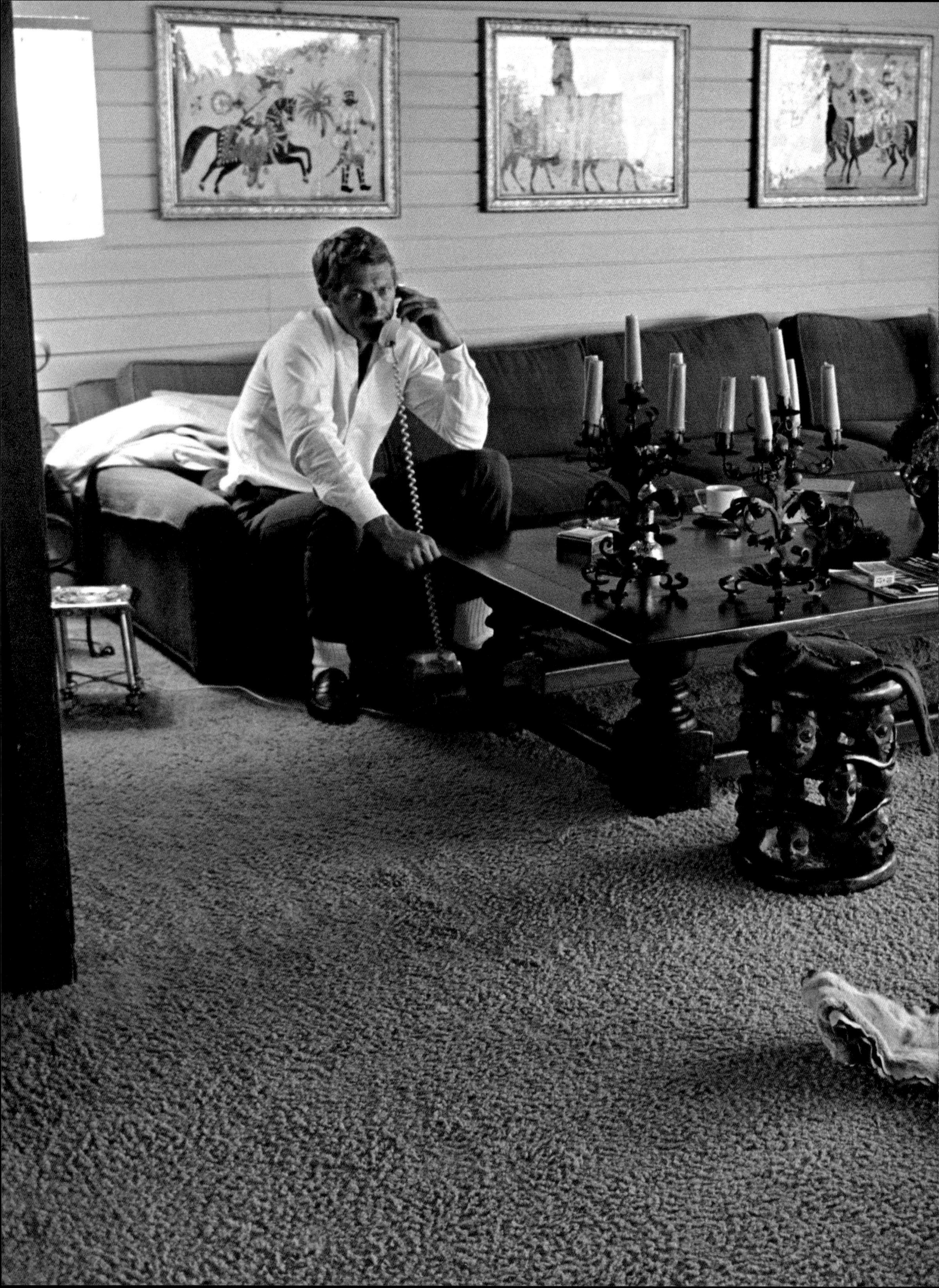

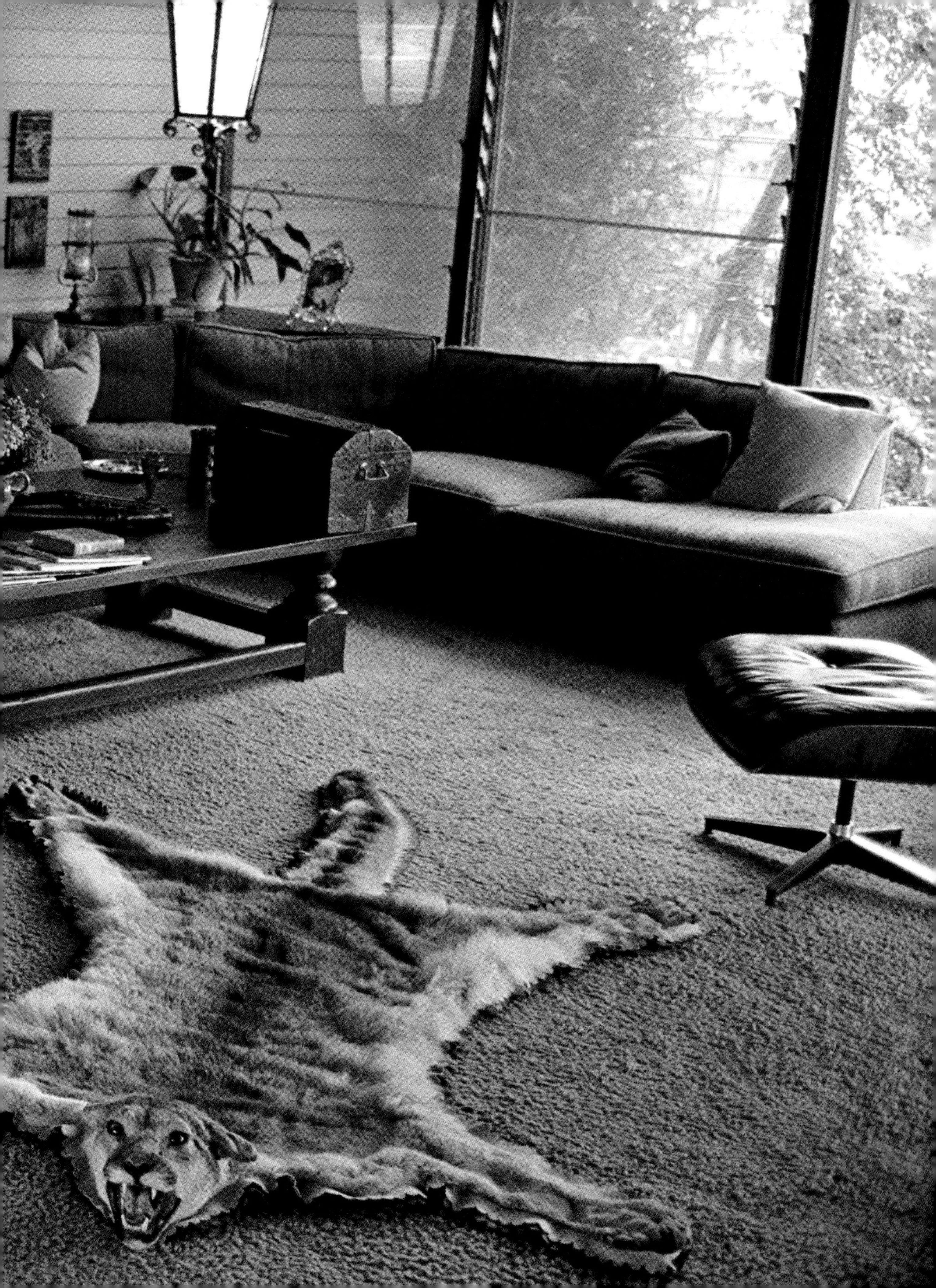

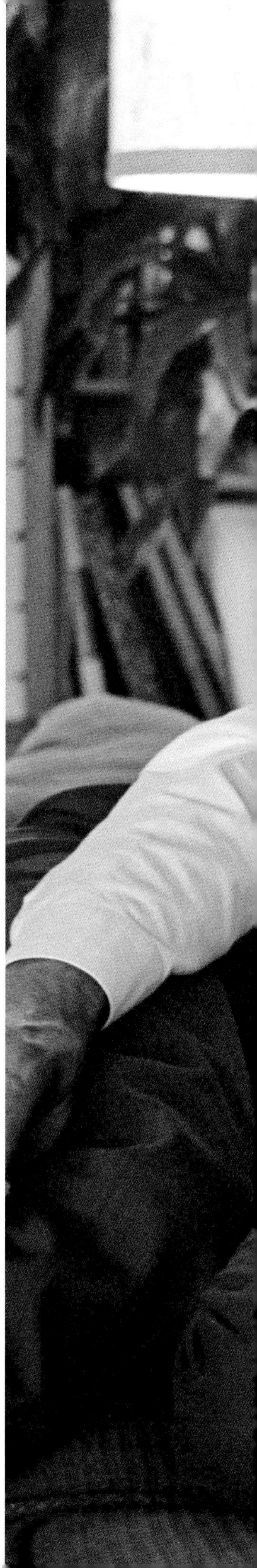

Vorhergehende Seite:
Beim Telefonieren im Wohnzimmer

Gegenüberliegende Seite:
Eheglück

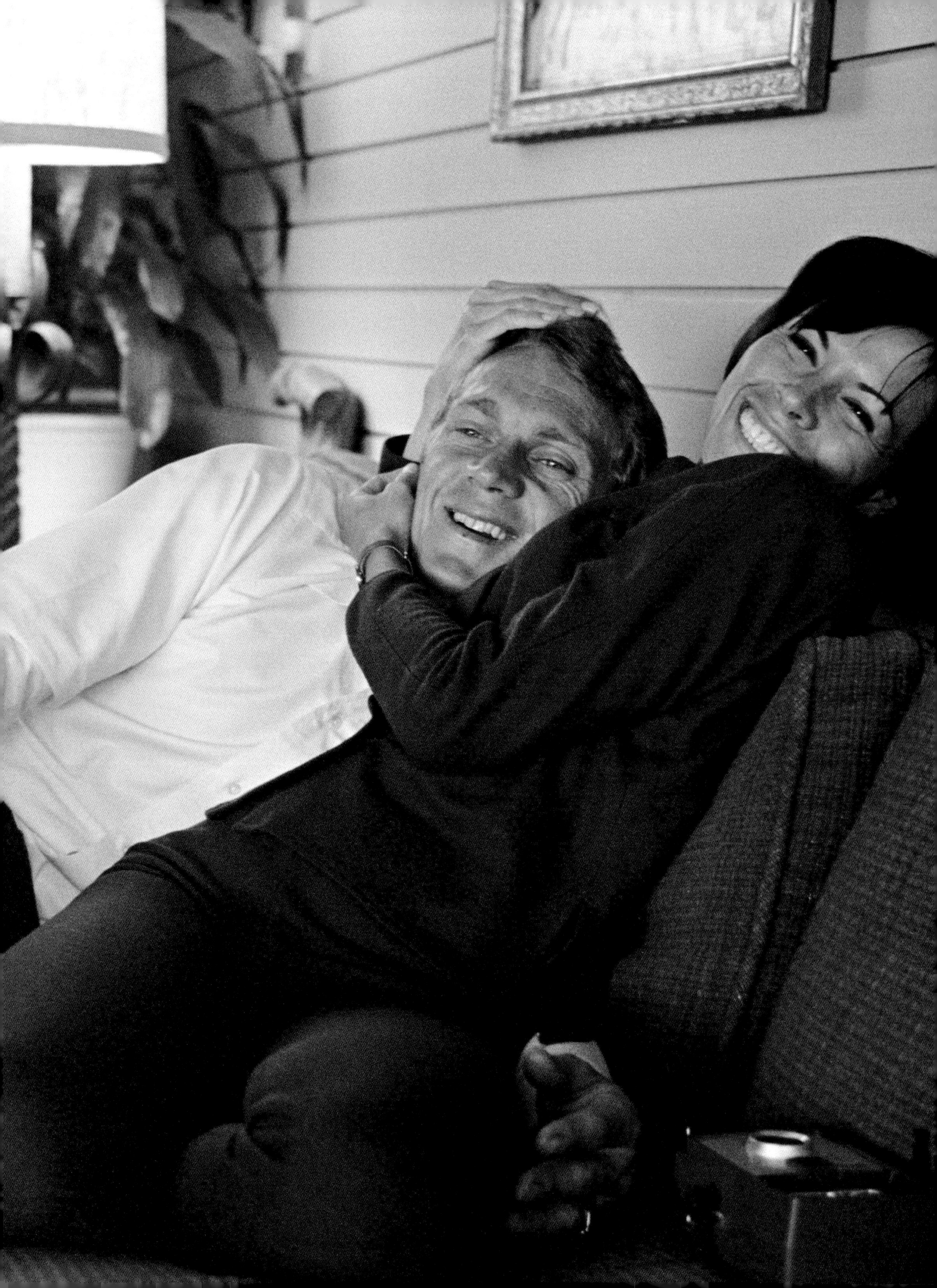

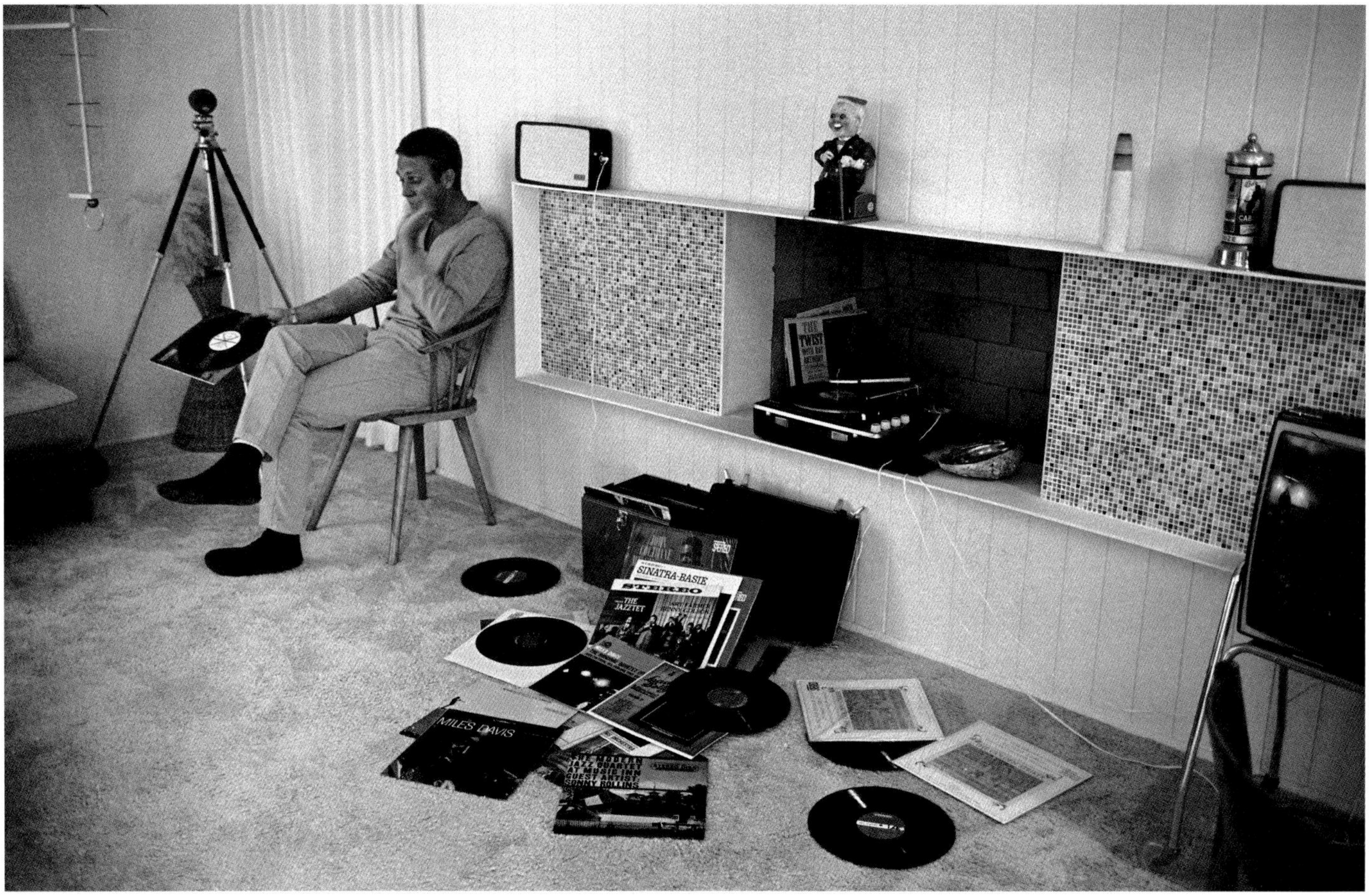

Oben: Jazzfan McQueen genießt coolen Sound zu Hause in Palm Springs
Gegenüberliegende Seite: Die McQueens beim Tanzen

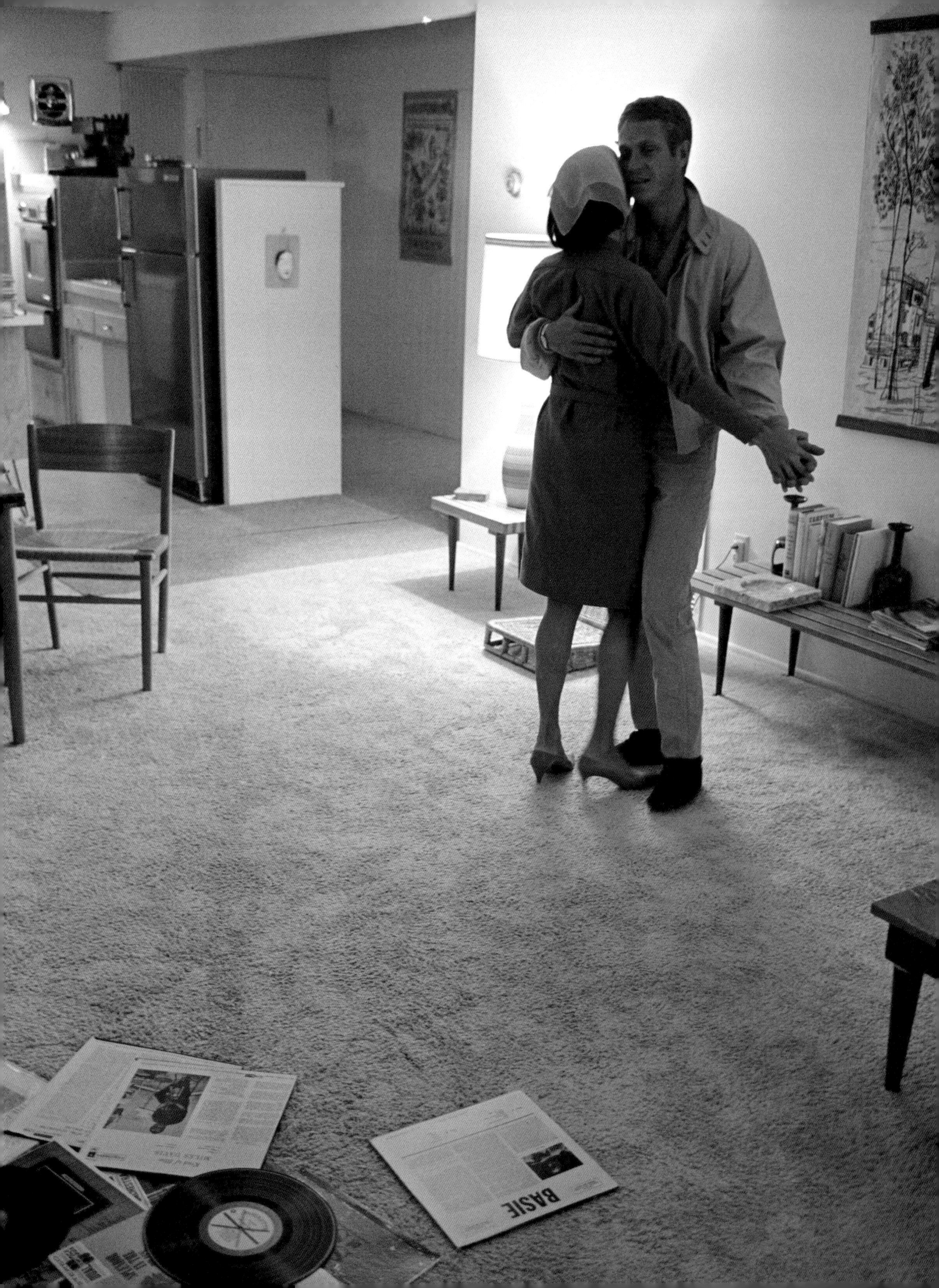

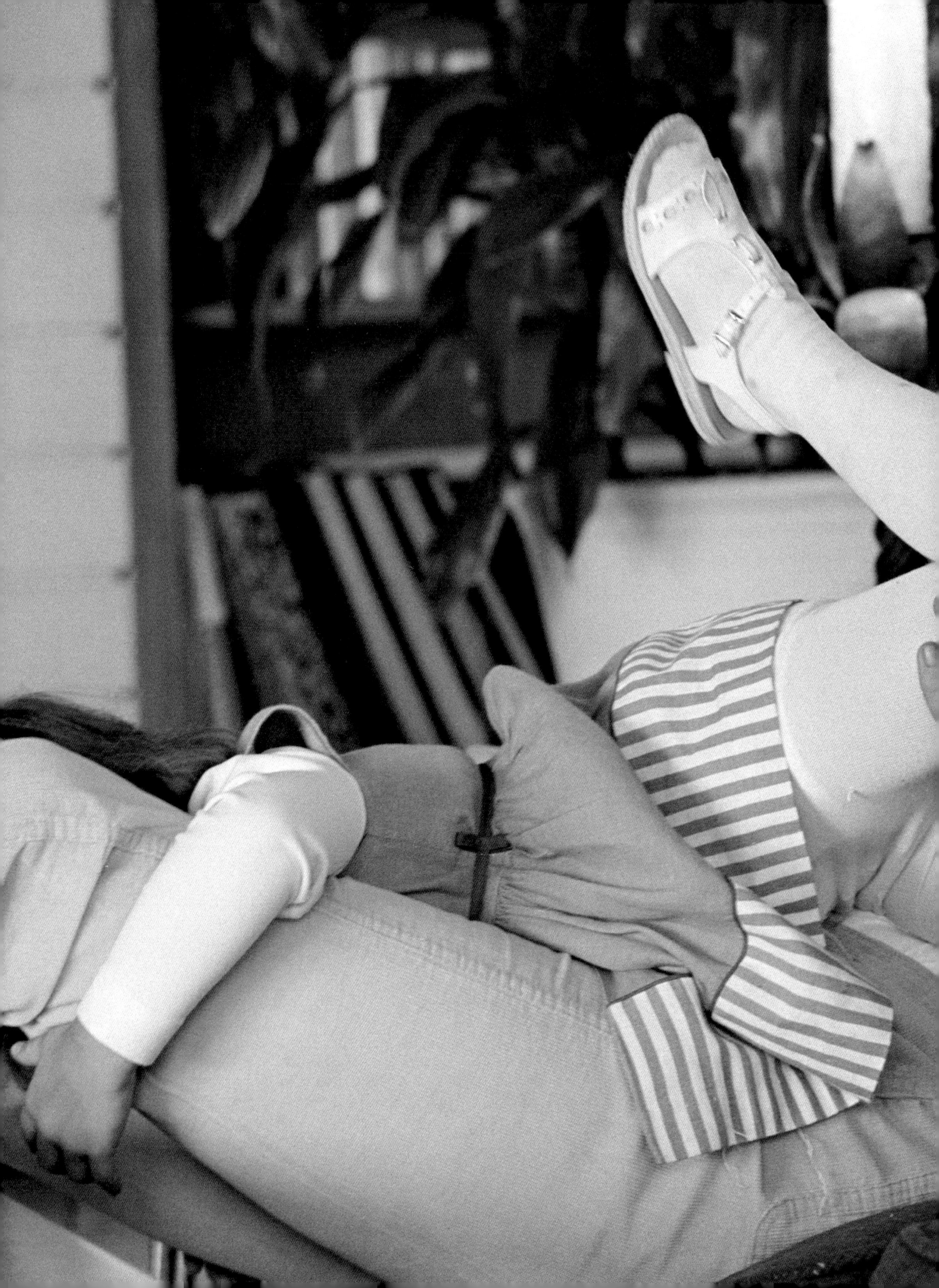

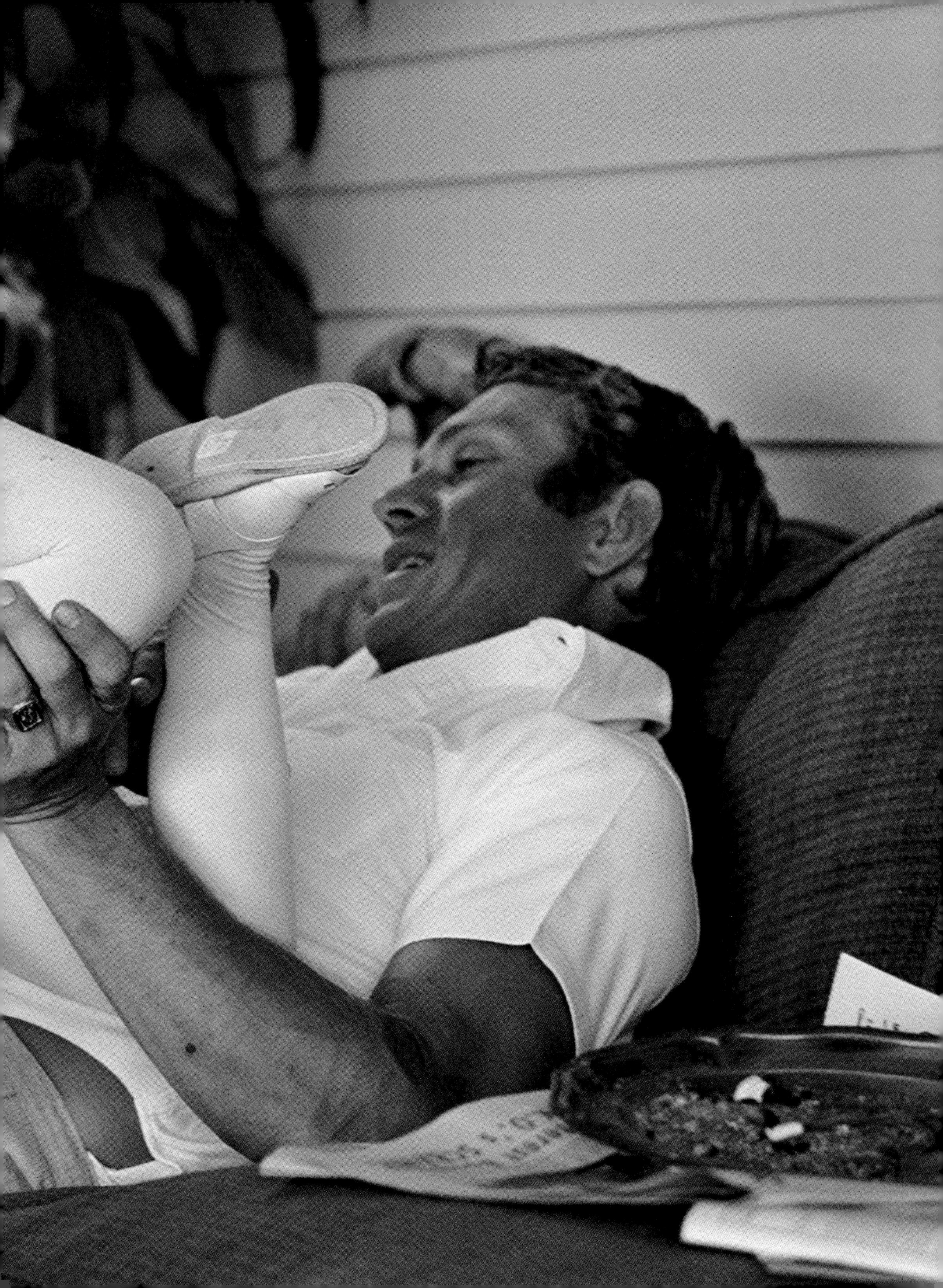

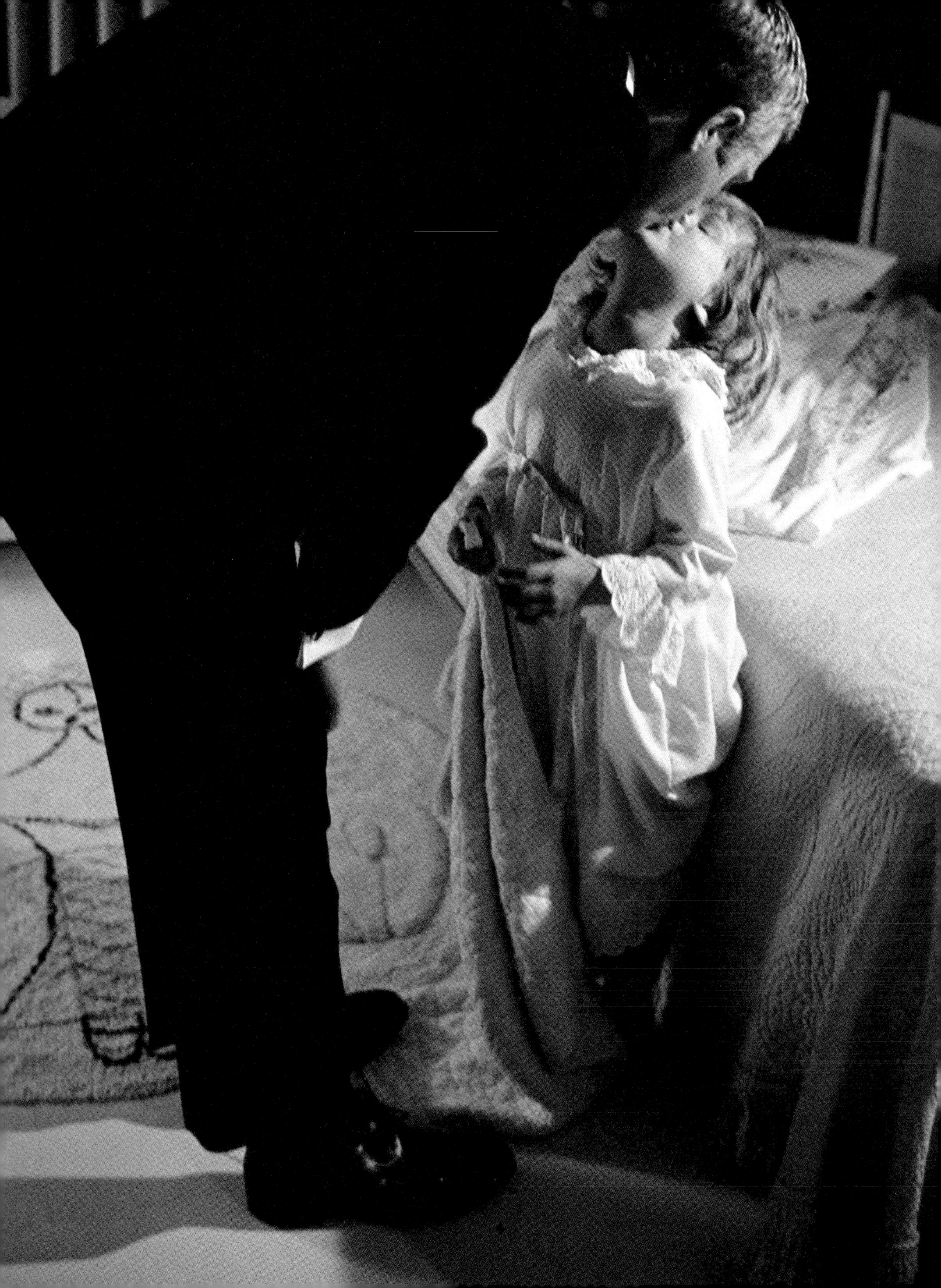

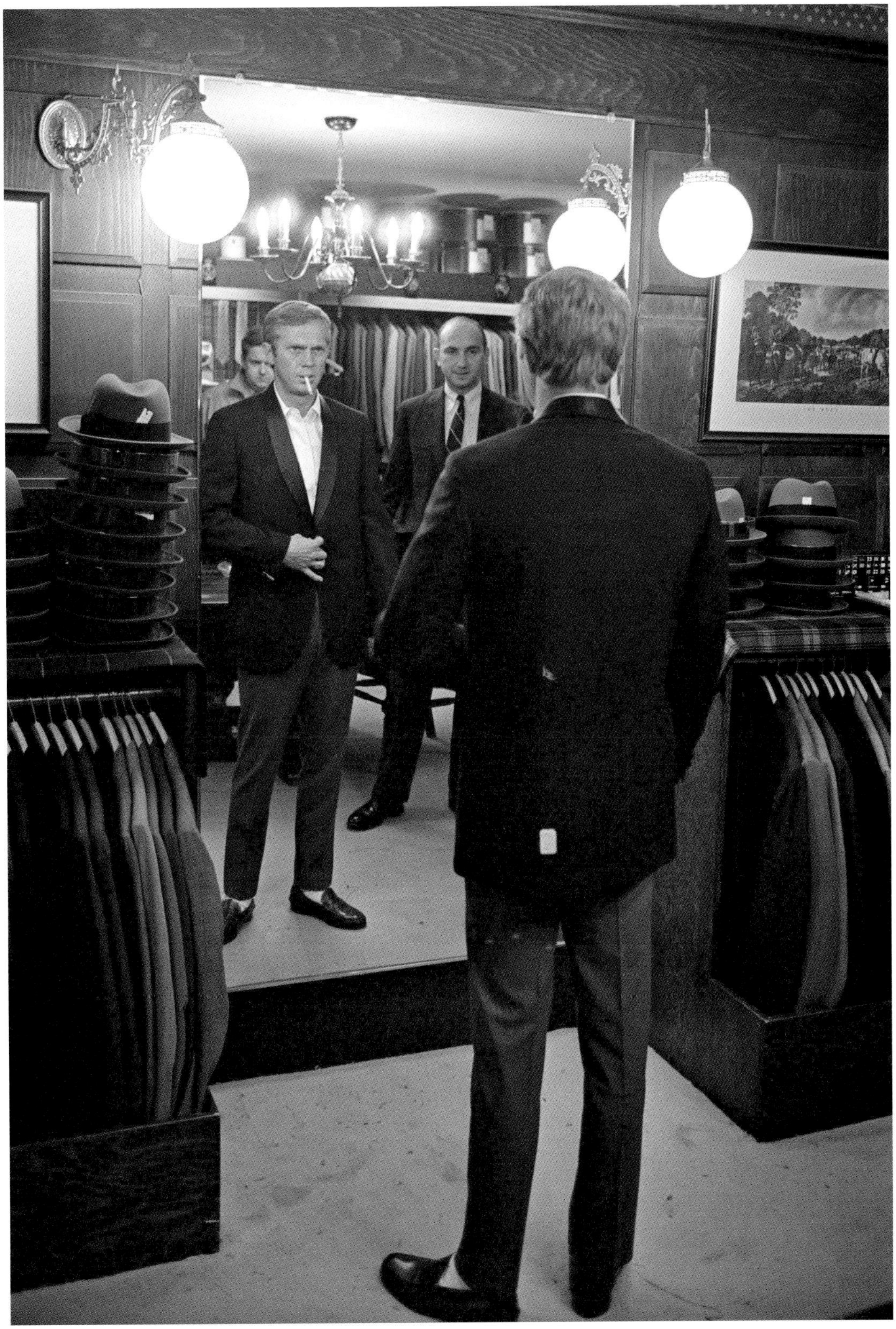

S. 72–73: Vater mit Töchterchen Terry, zu Hause in Hollywood
Gegenüberliegende Seite: Gutenachtkuss
Oben: Bei der Anprobe

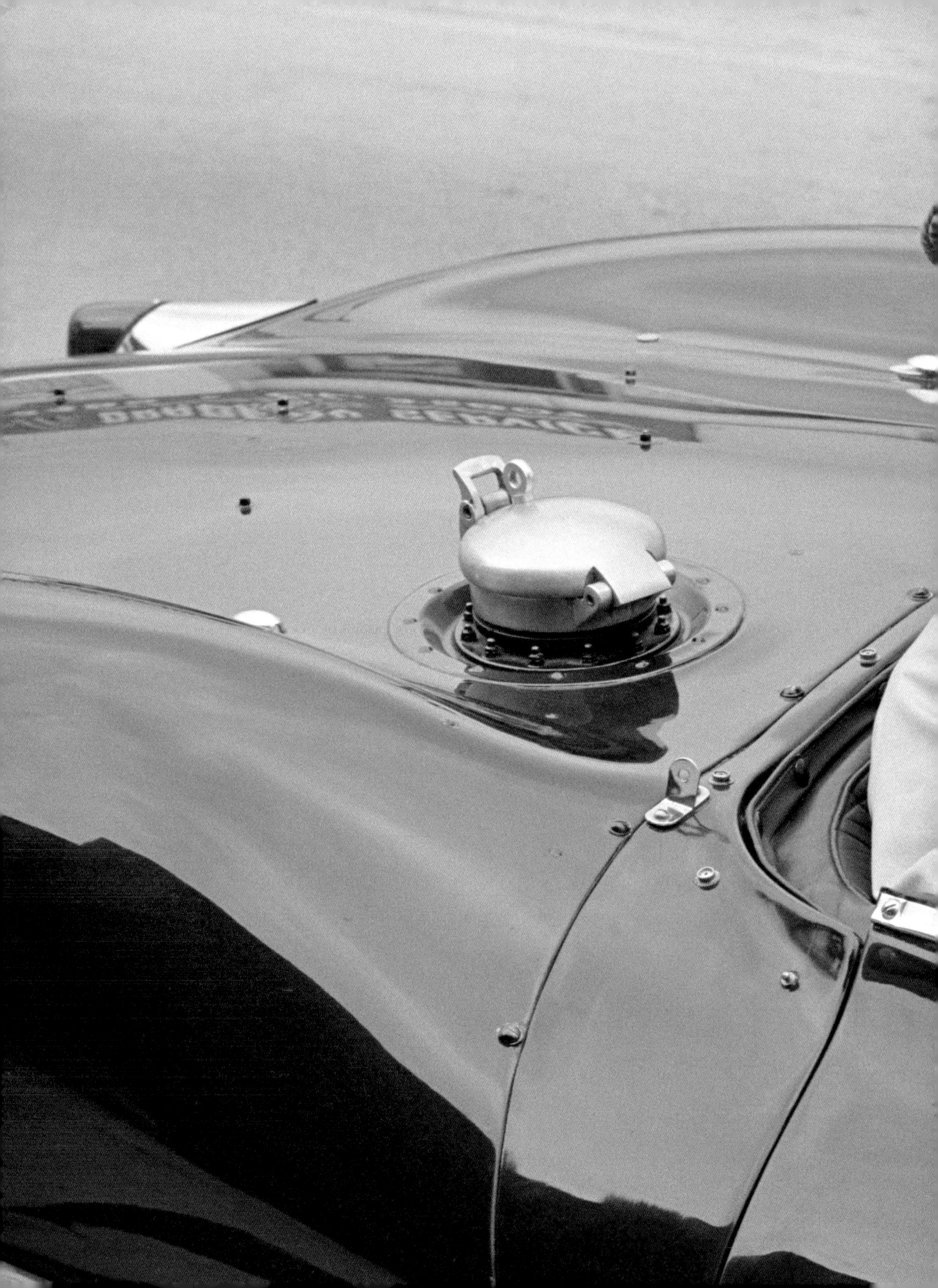

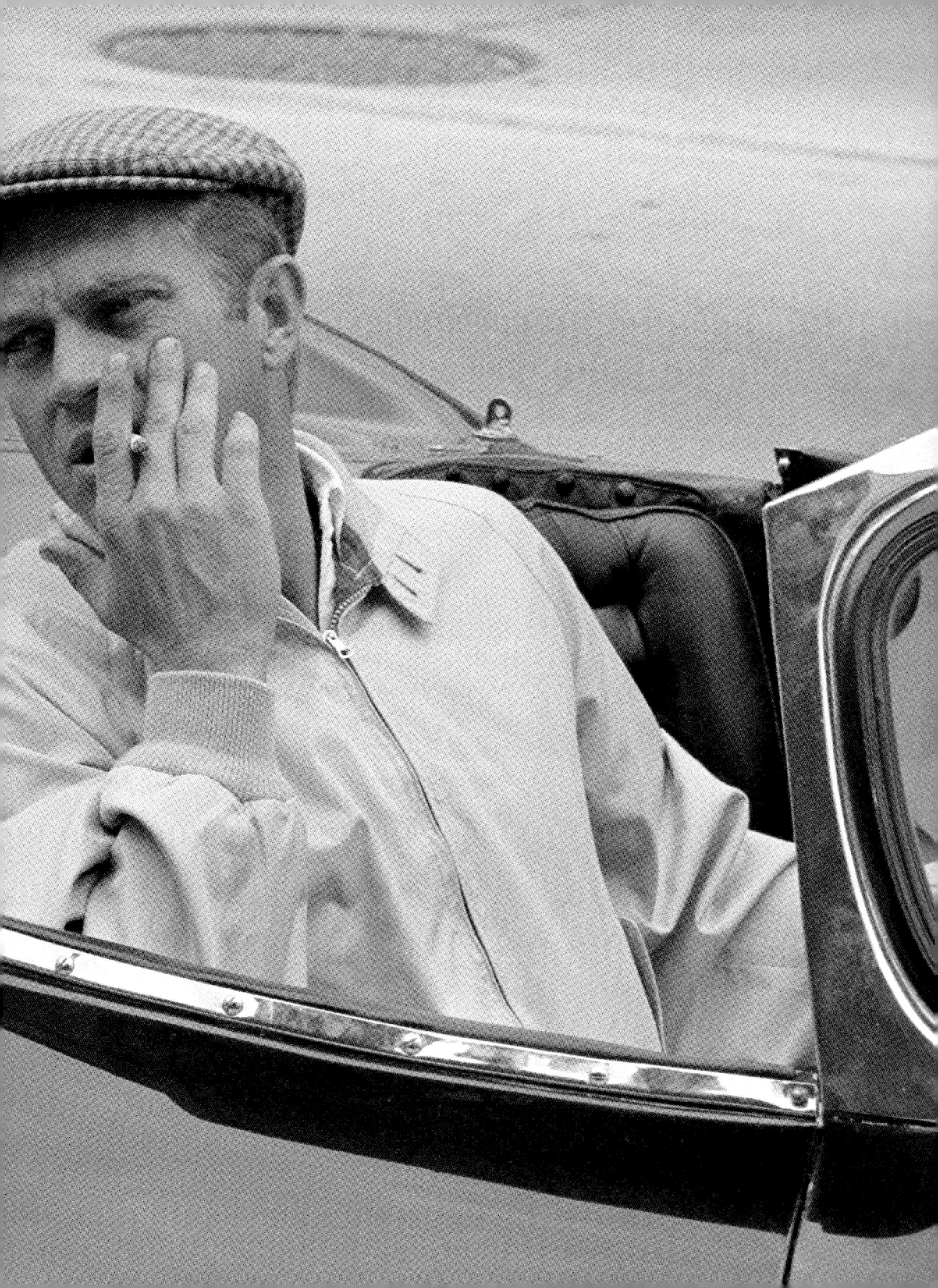

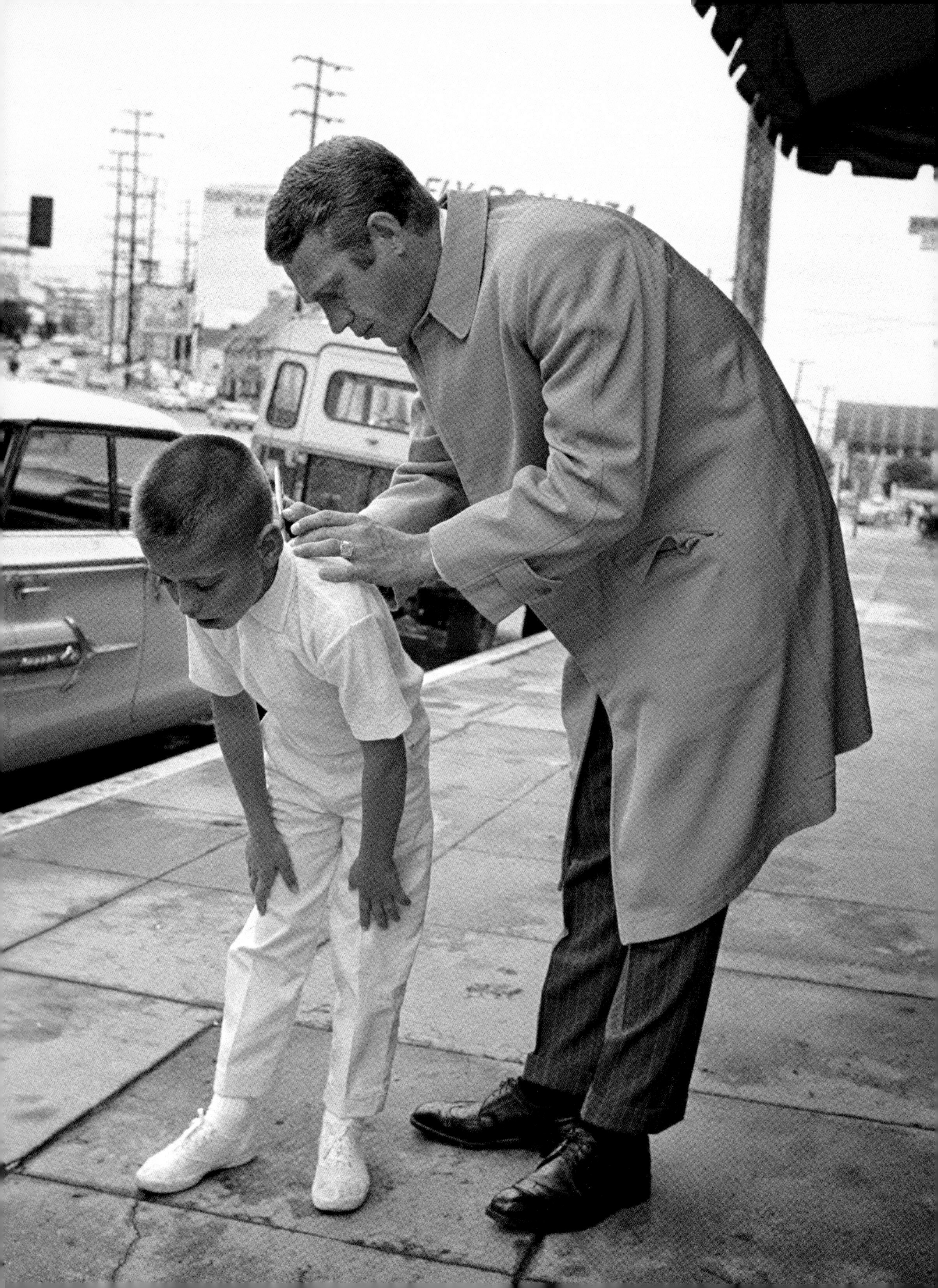

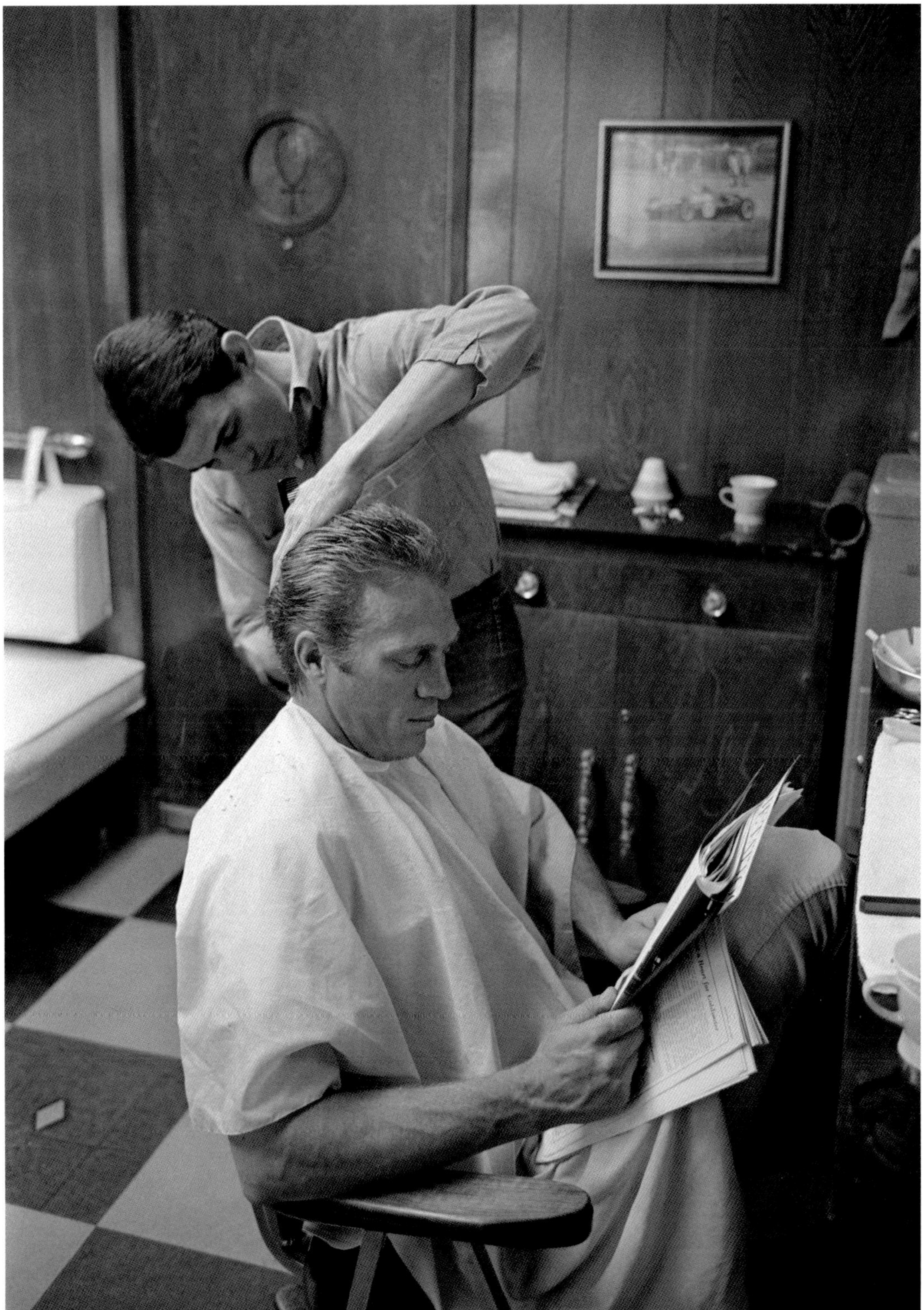

S. 76–77: Rauchpause

Gegenüberliegende Seite: Fanautogramm

Oben: Beim Friseur

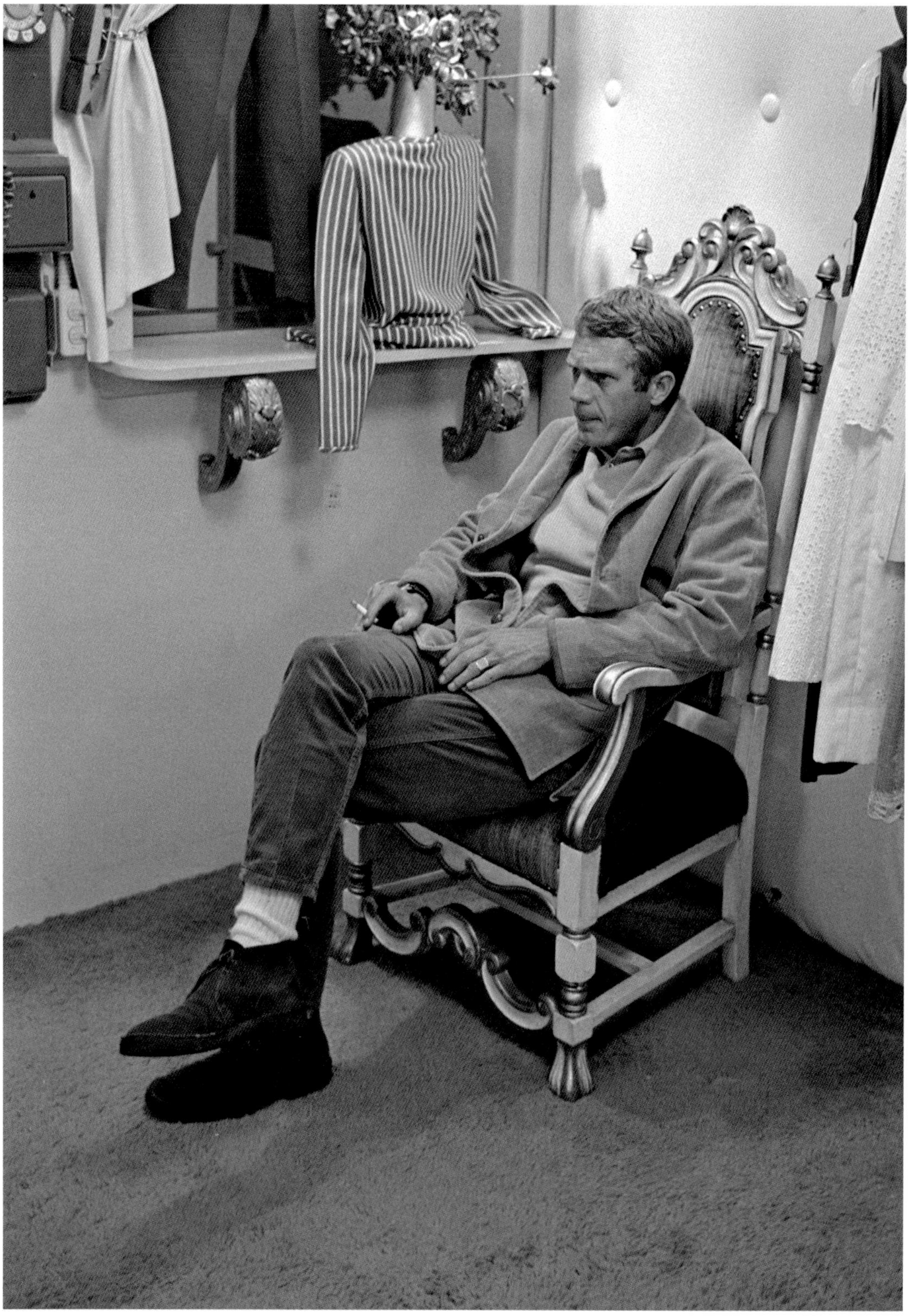

Oben: Warten im Damenmodengeschäft

Gegenüberliegende Seite: Die neuesten Magazine

S. 83: Mr. und Mrs. McQueen auf dem Motorrad

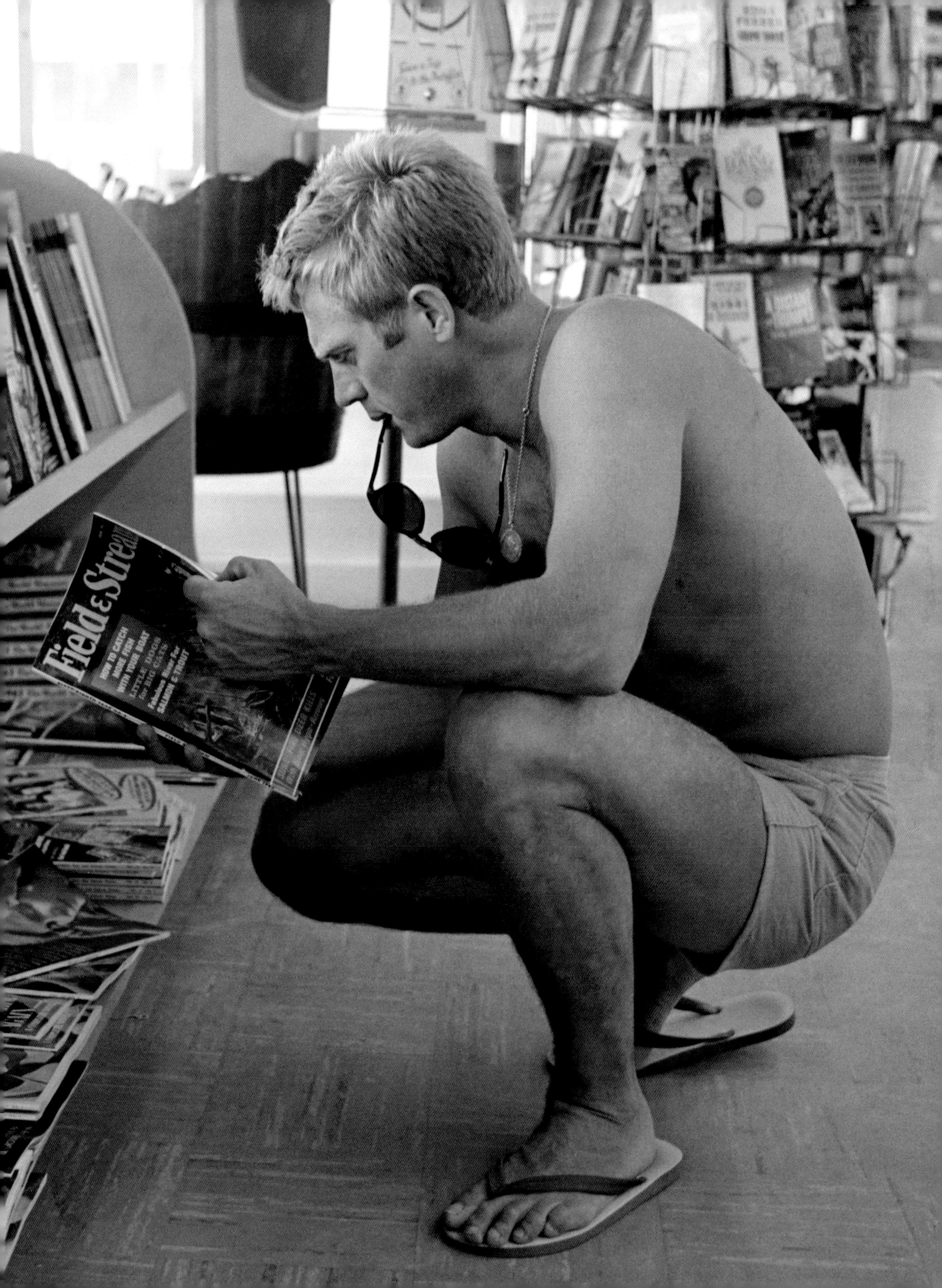
Field & Strea
HOW TO CATCH
MORE FISH
WITH YOUR BOAT
LITTLE DOGS
for BIG CATS
SALMON & TROUT

„Neile machte ihn glauben, dass ich ihn für meinen nächsten Film, *Thomas Crown ist nicht zu fassen*, nicht haben wollte, darum bestand er darauf, für die Rolle in Betracht gezogen zu werden. Es war das erste Mal, dass er vor der Kamera Anzug und Krawatte trug."

Norman Jewison

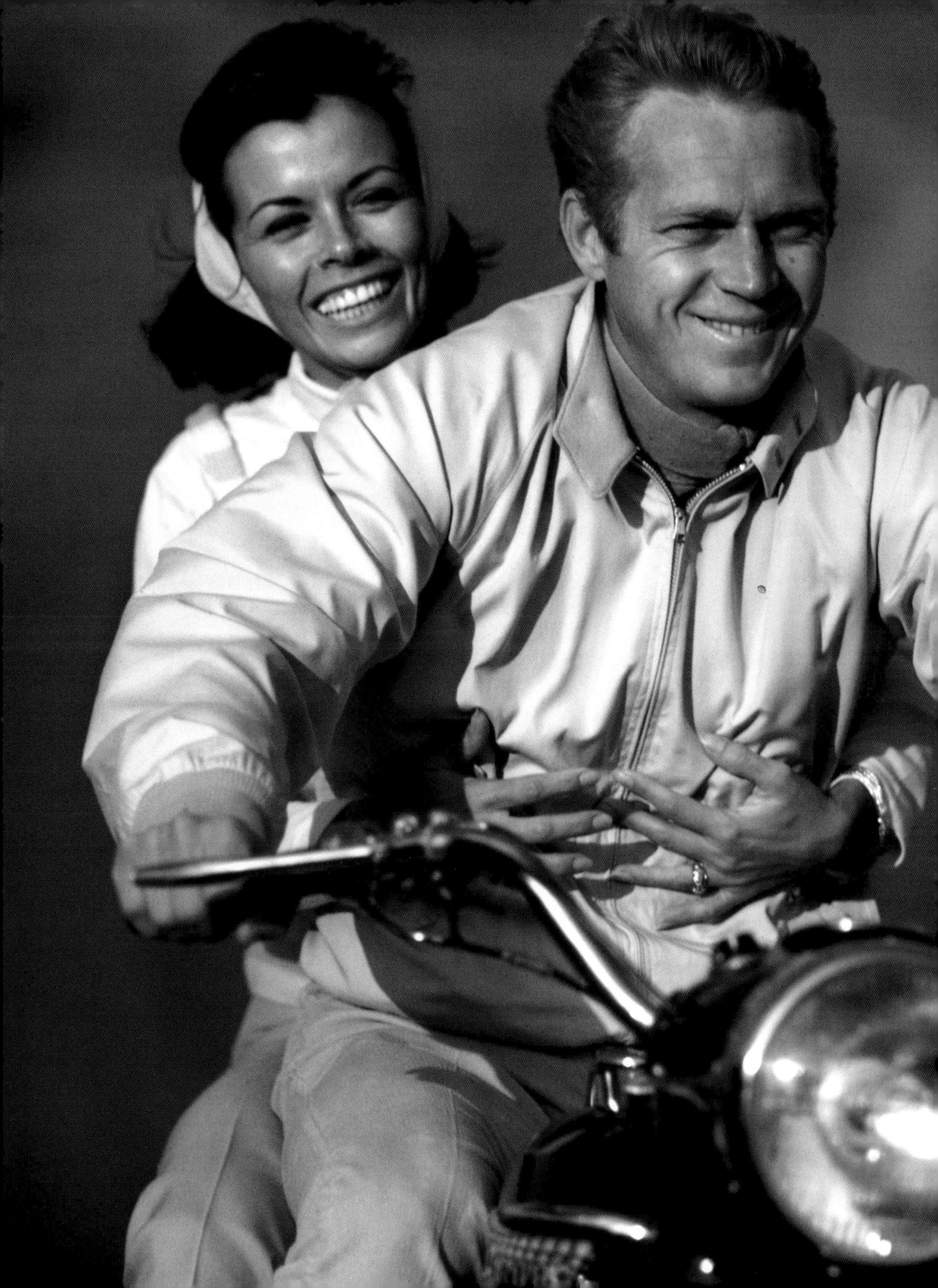

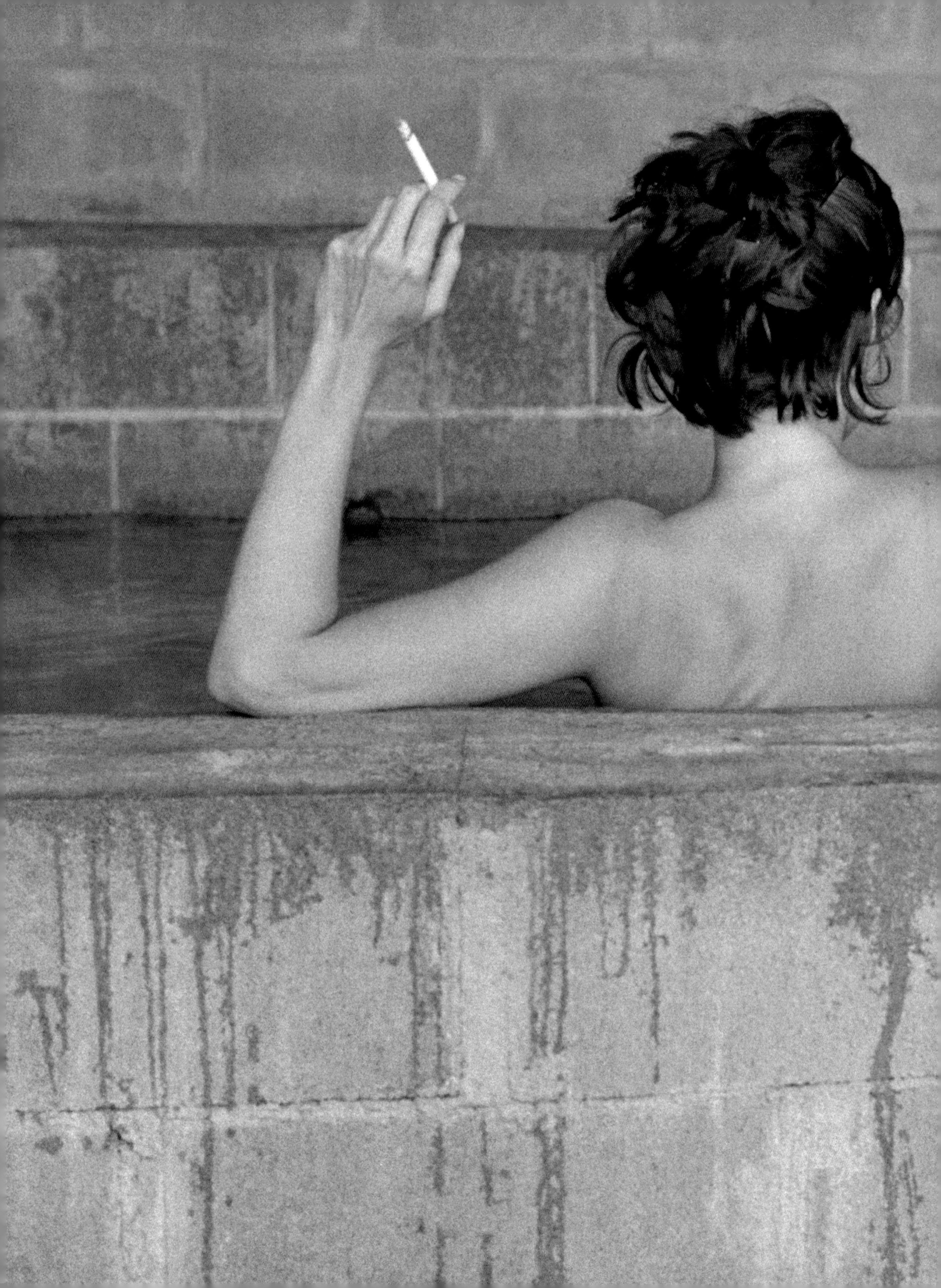

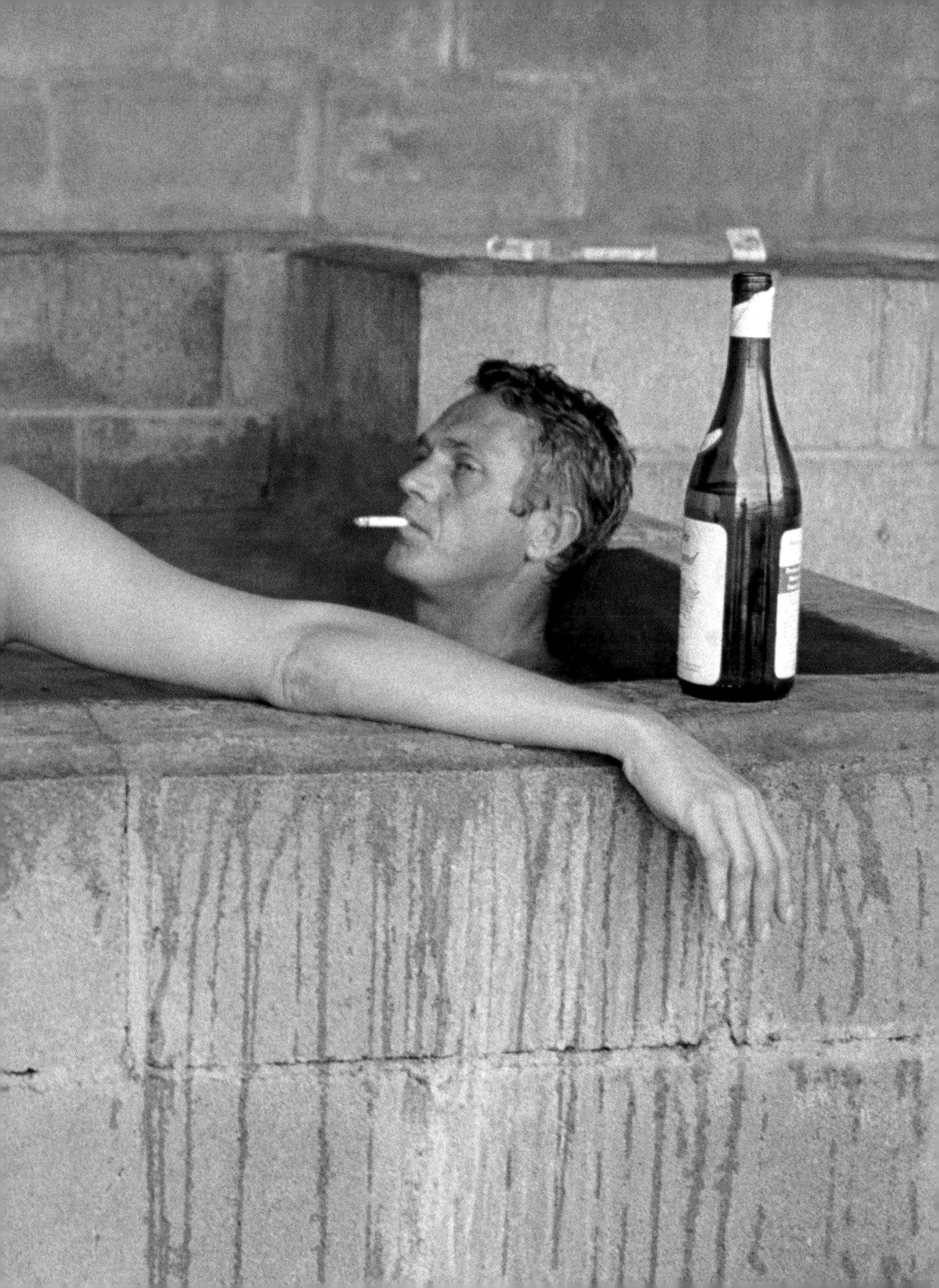

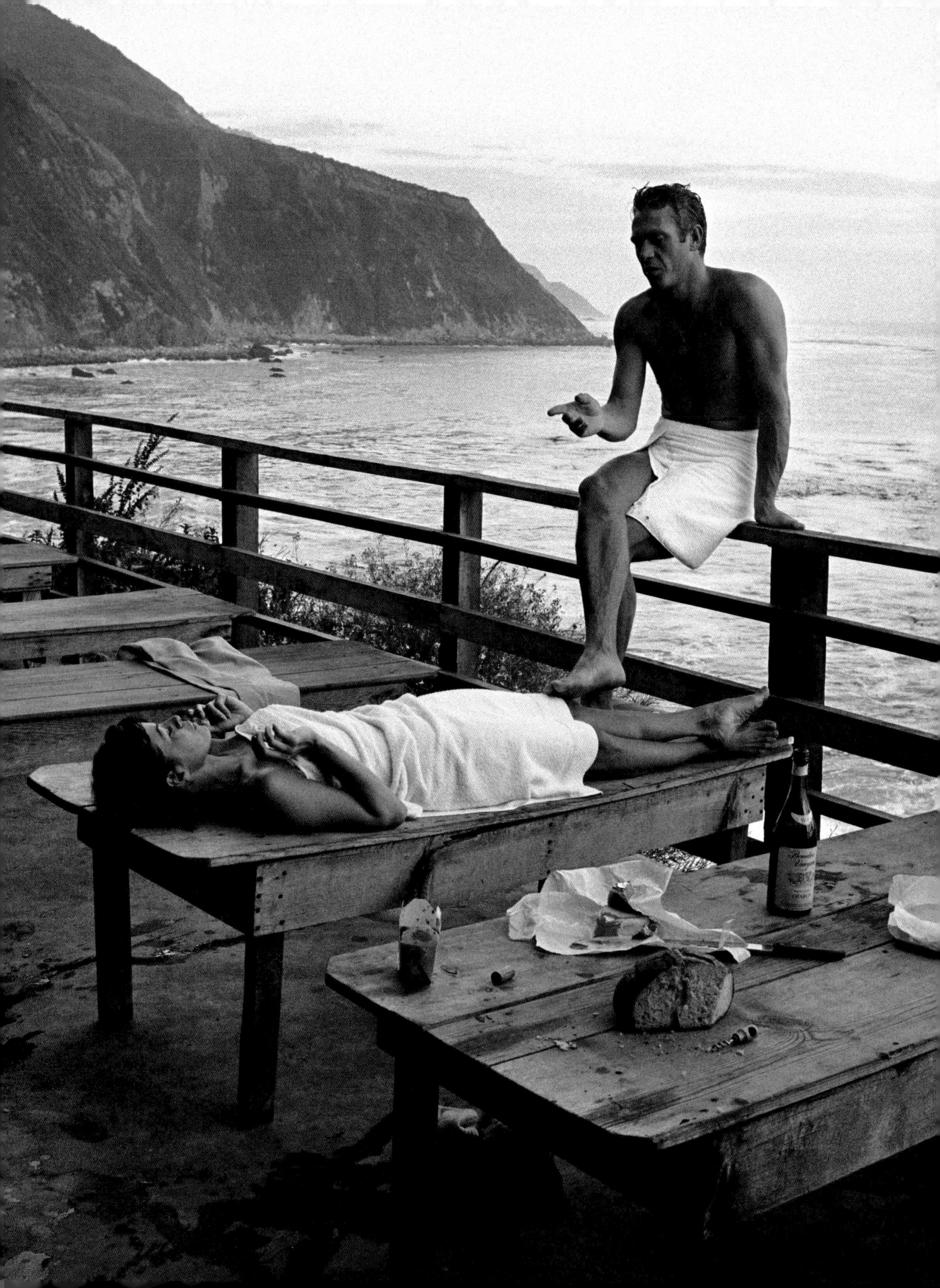

S. 84-85:
Die McQueens im Thermalbecken. Big Sur

Gegenüberliegende Seite:
Zum Abkühlen eine Meeresbrise

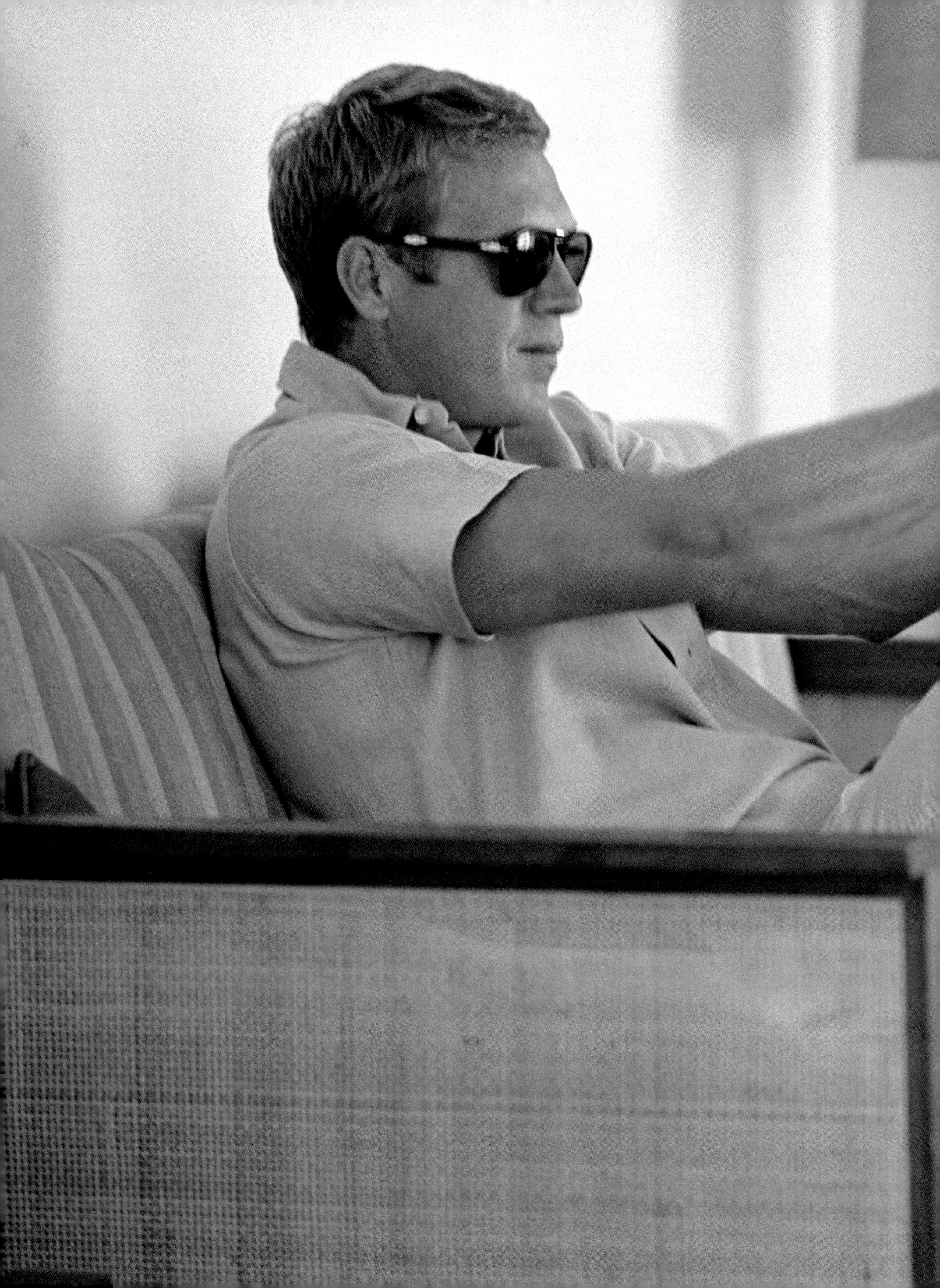

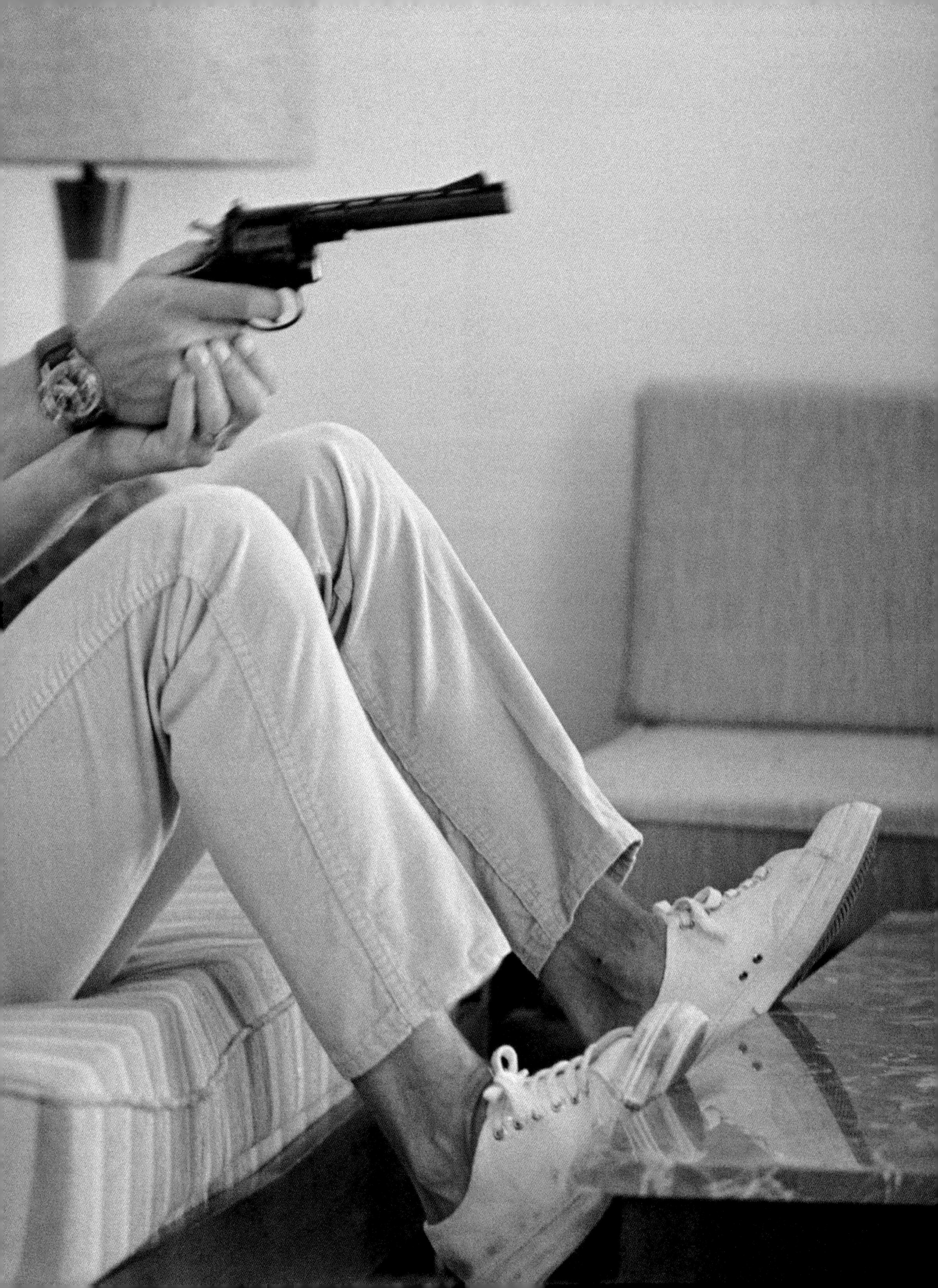

„**Steve** wirkte wie ein Tier hinter Gitterstäben – zusammengekauert, explosiv. Er war tollkühn, verwegen, charmant, fesselnd. In seiner Gegenwart locker zu sein, war schwierig – und vermutlich auch unklug, denn er glich einer Wildkatze: schön und betörend, kraftvoll und unberechenbar, und er konnte völlig unerwartet auf einen losgehen ... für von Menschen gemachte Gesetze hatte er nur Verachtung übrig. Er erinnerte mich an die berühmten Gesetzlosen, ein romantischer Rebell, ein Ausgestoßener, dem nicht wohl war in seiner Haut ... er versuchte in einer Welt, von der er wusste, dass er nicht zu ihr gehörte, Wahrheit und Trost zu finden."

Candice Bergen

Vorhergehende Seite:
Die Knarre im Visier. Zu Hause in Palm Springs

Gegenüberliegende Seite und folgende Doppelseiten:
Zielübungen mit Neile in der Wüste

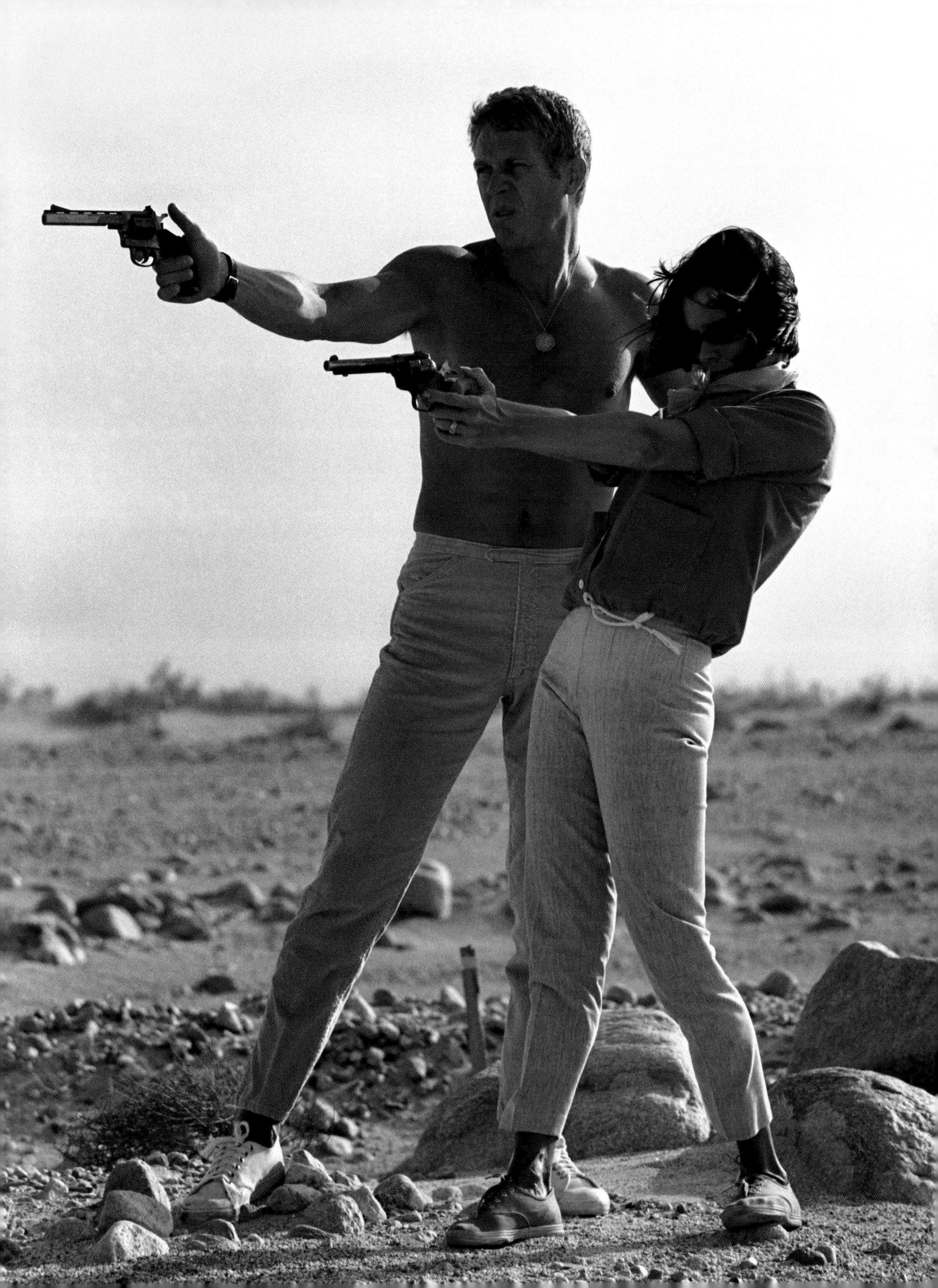

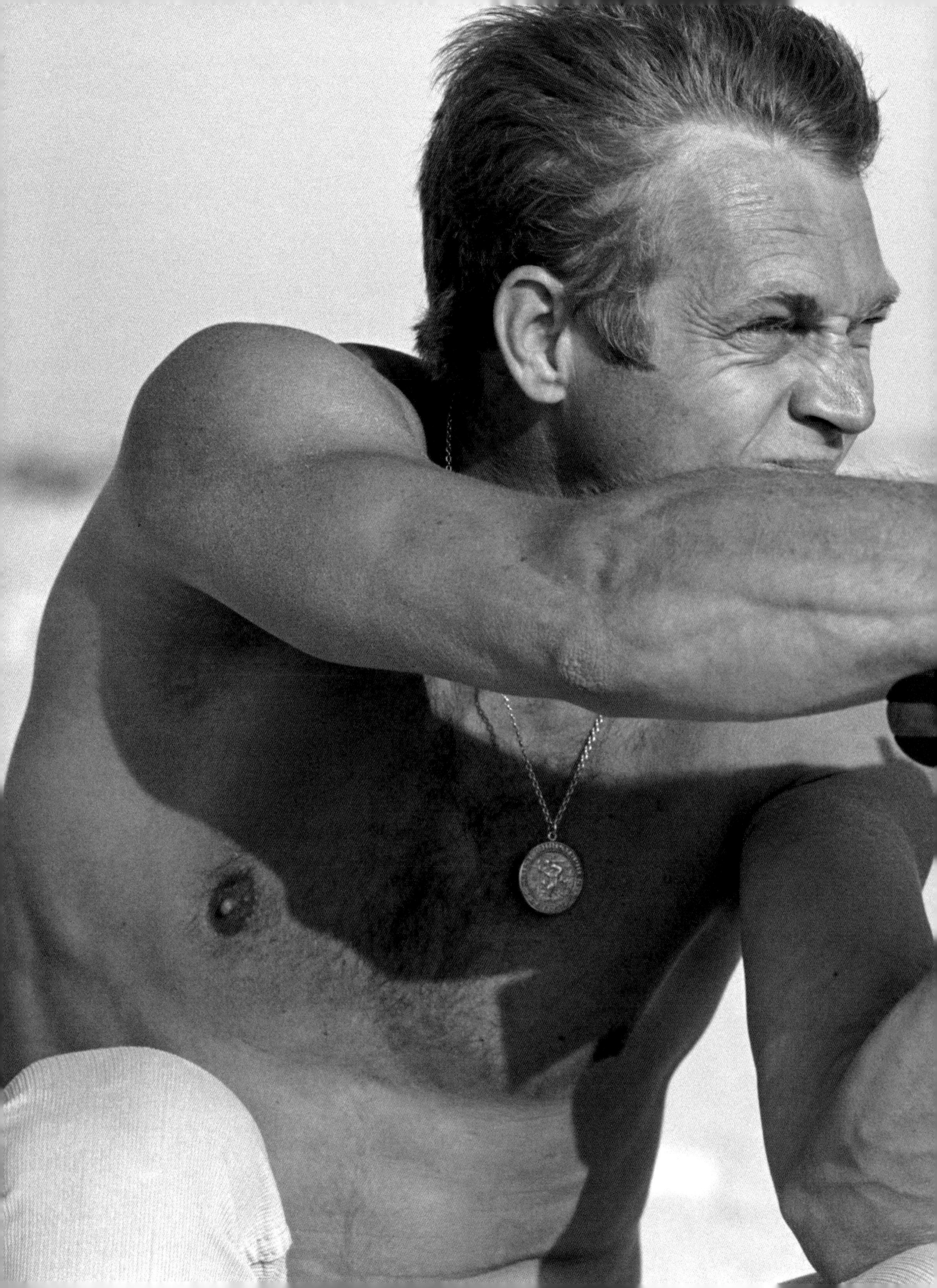

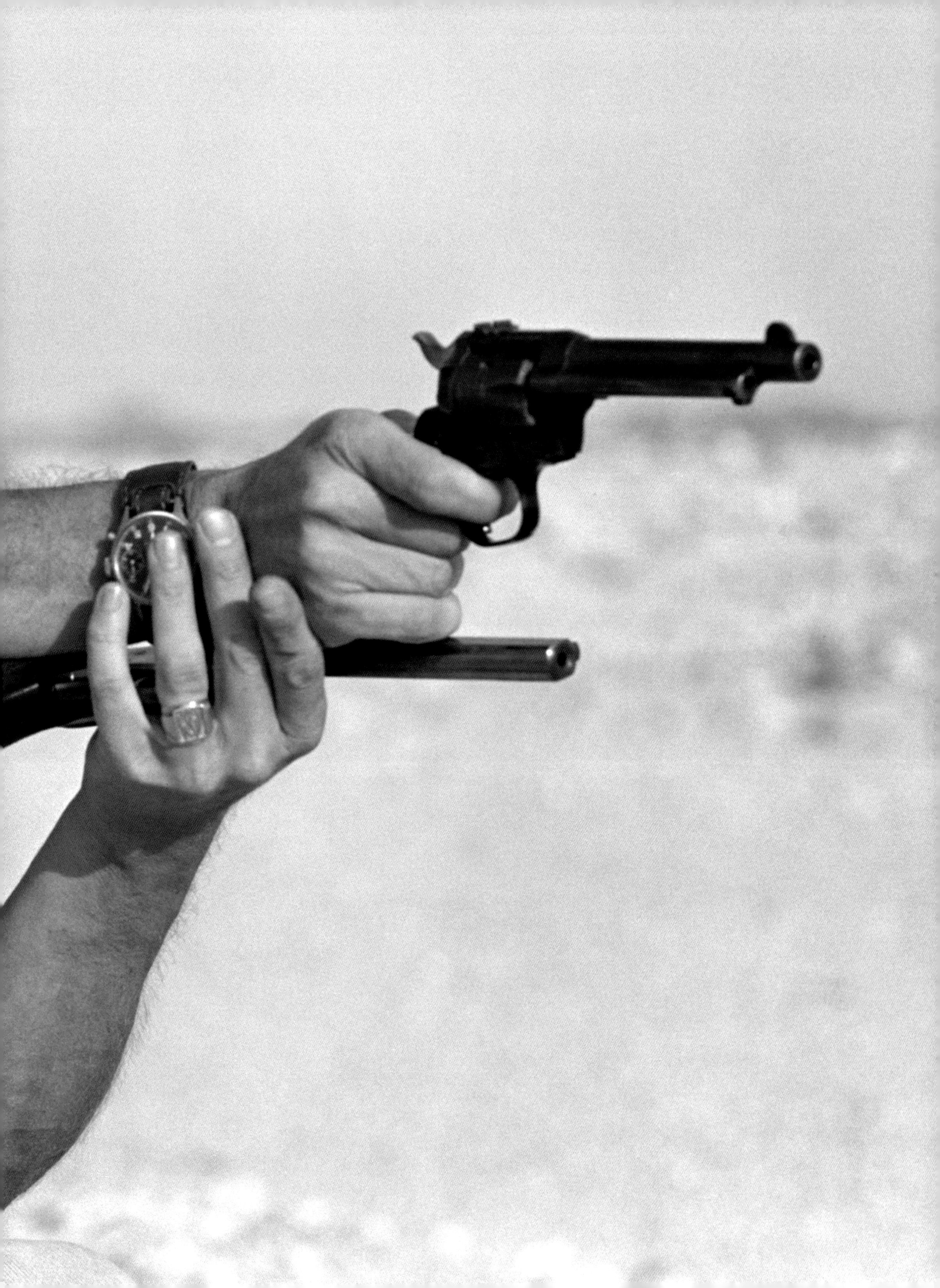

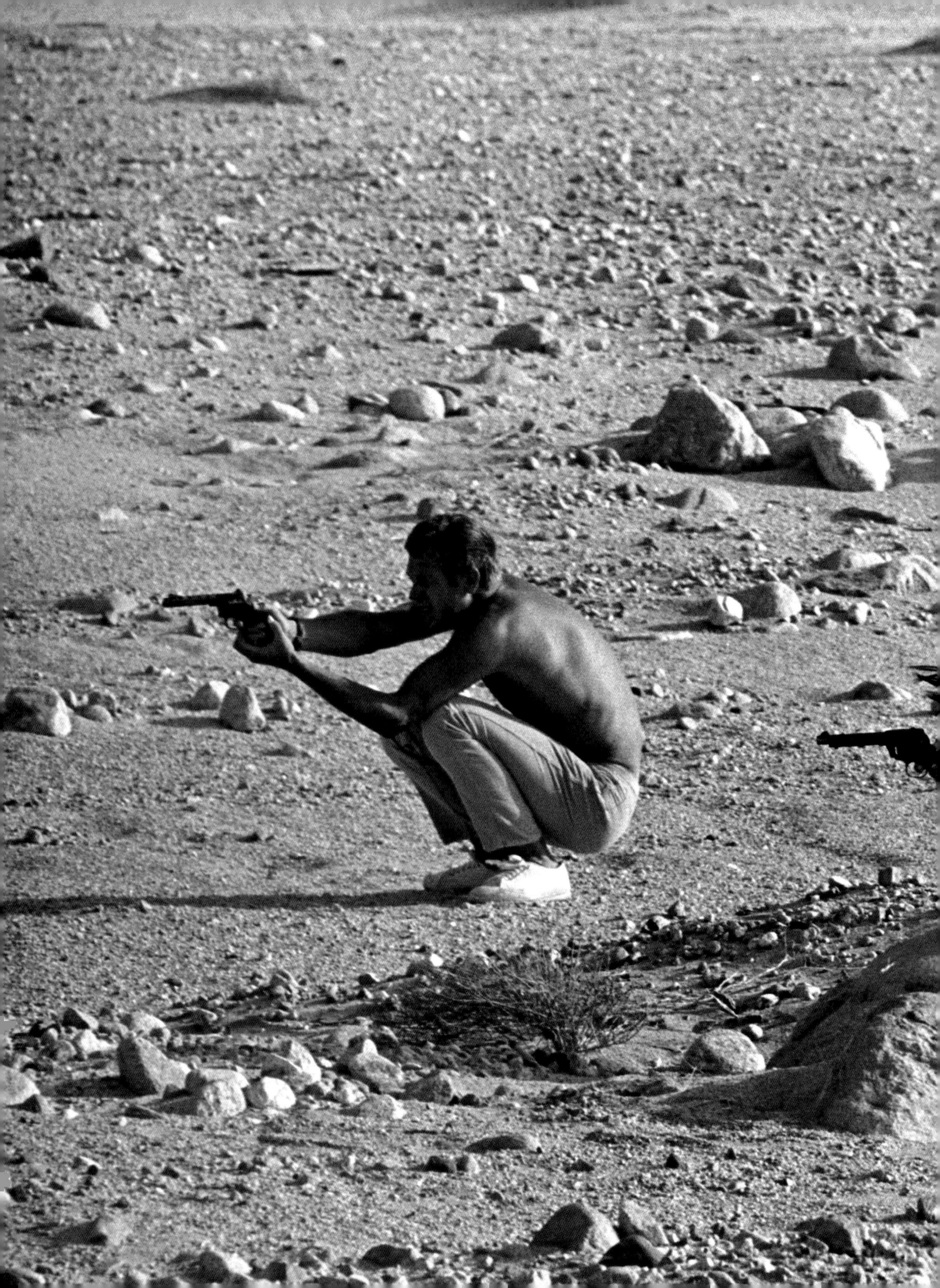

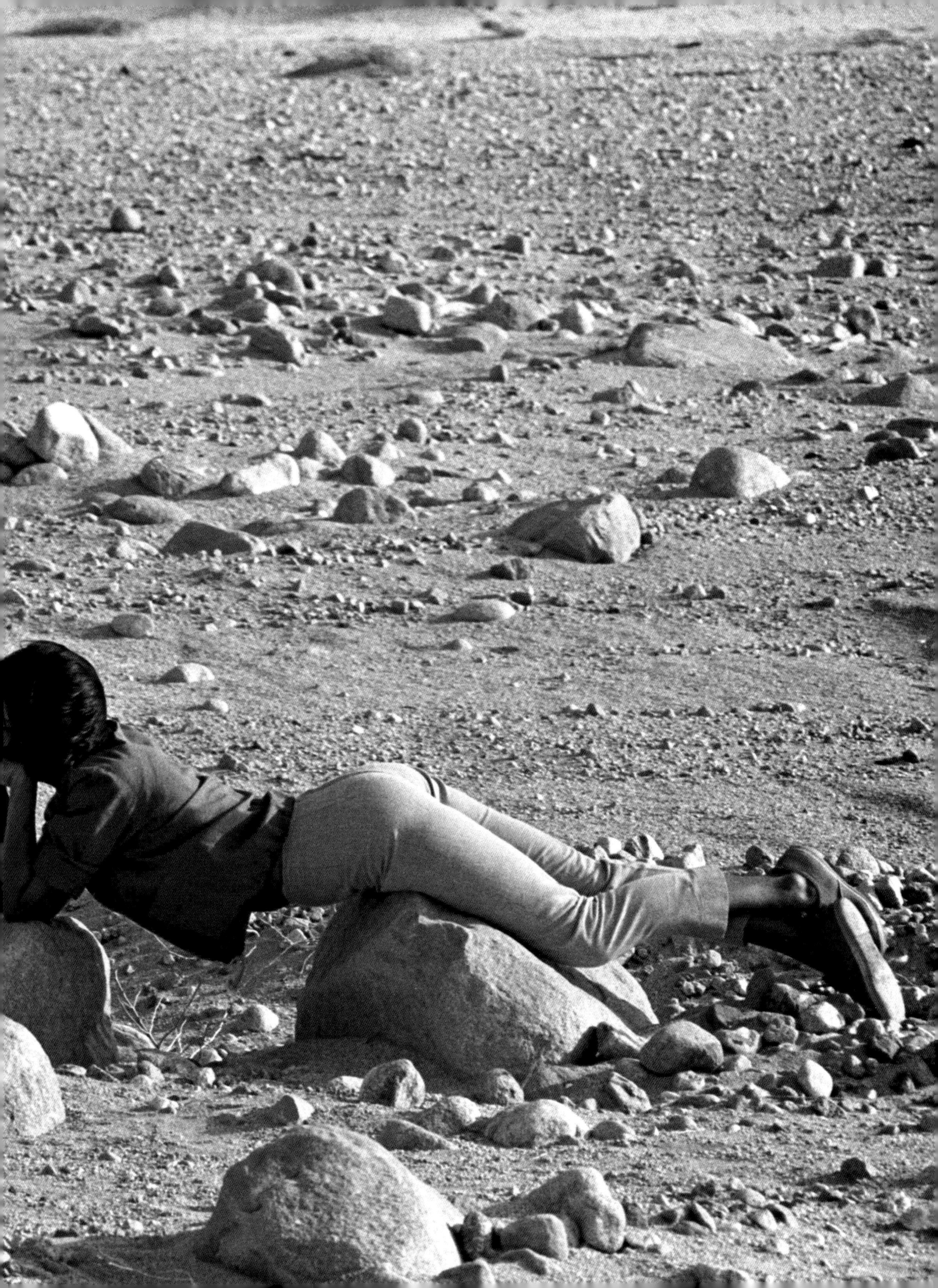

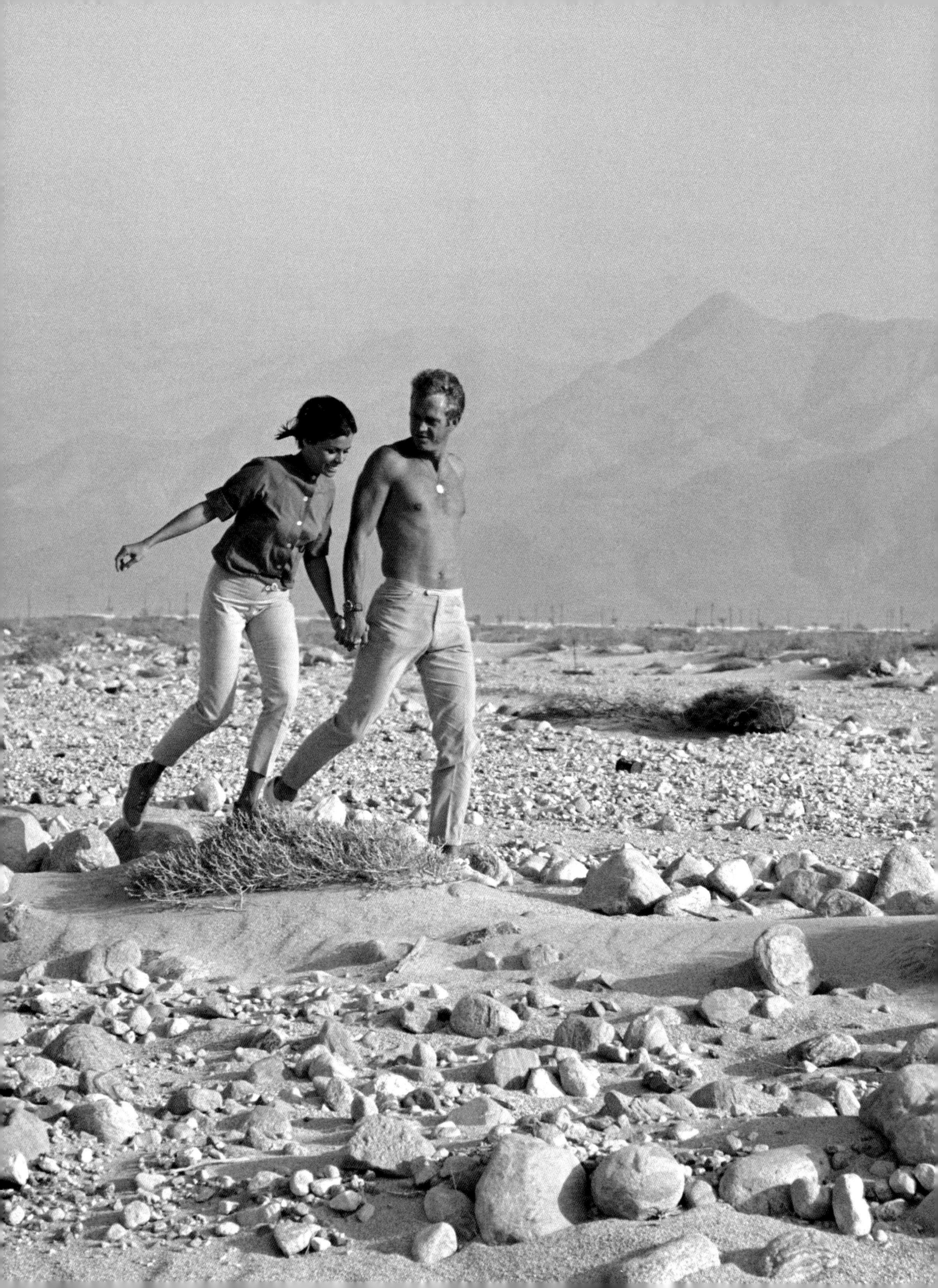

Gegenüberliegende Seite:
Wüstenspaziergang

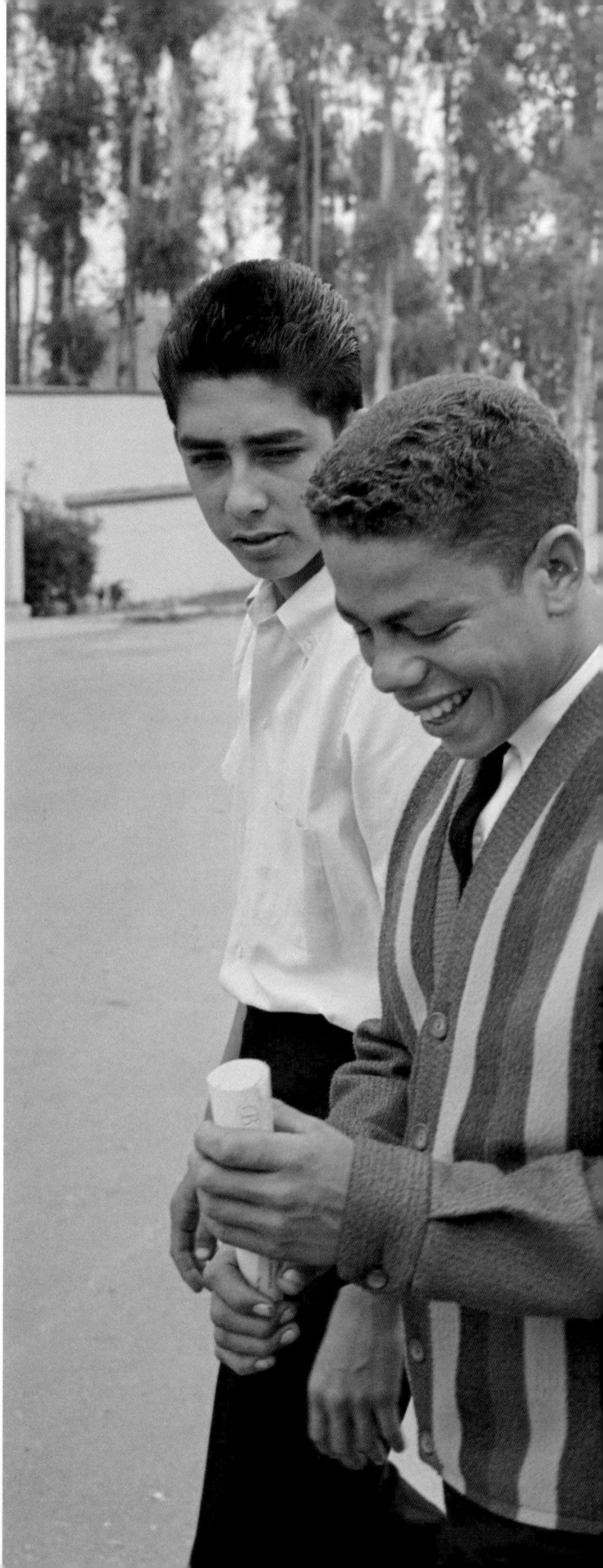

Rechts:
Rückkehr ins Heim für schwer erziehbare Jungen. Chino, Kalifornien

S. 100–101:
Bei einem Schwätzchen in seinem alten Zimmer

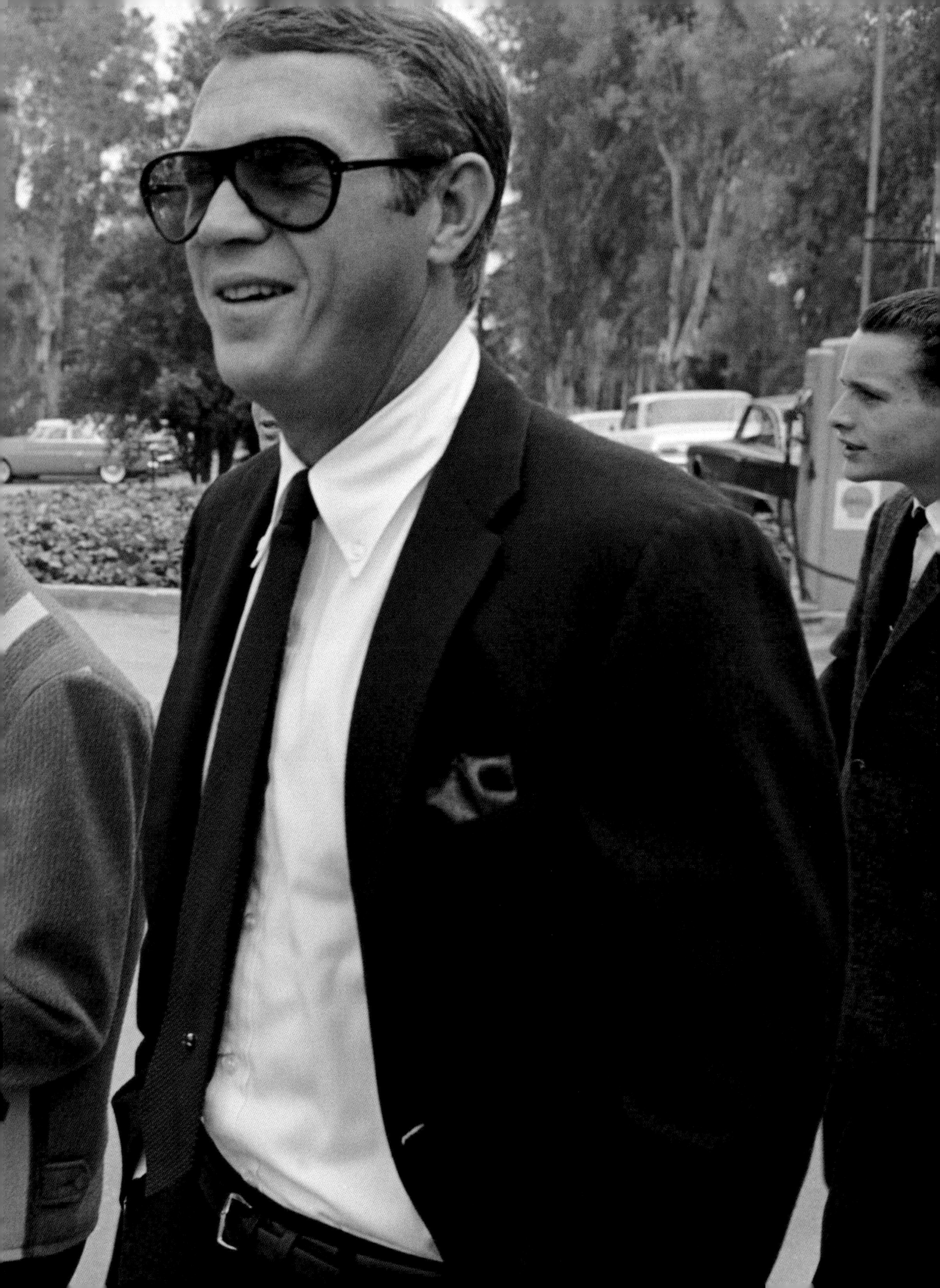

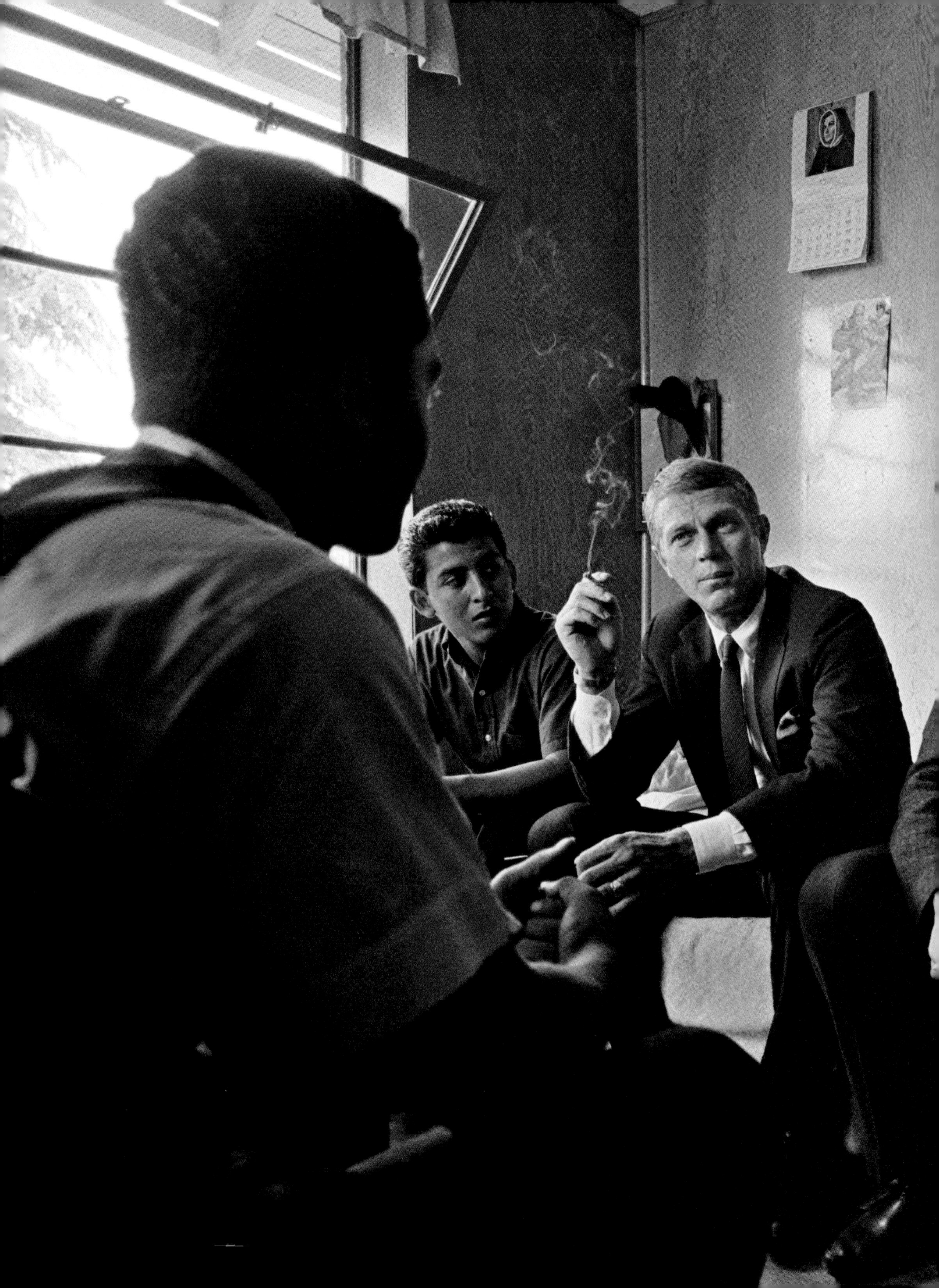

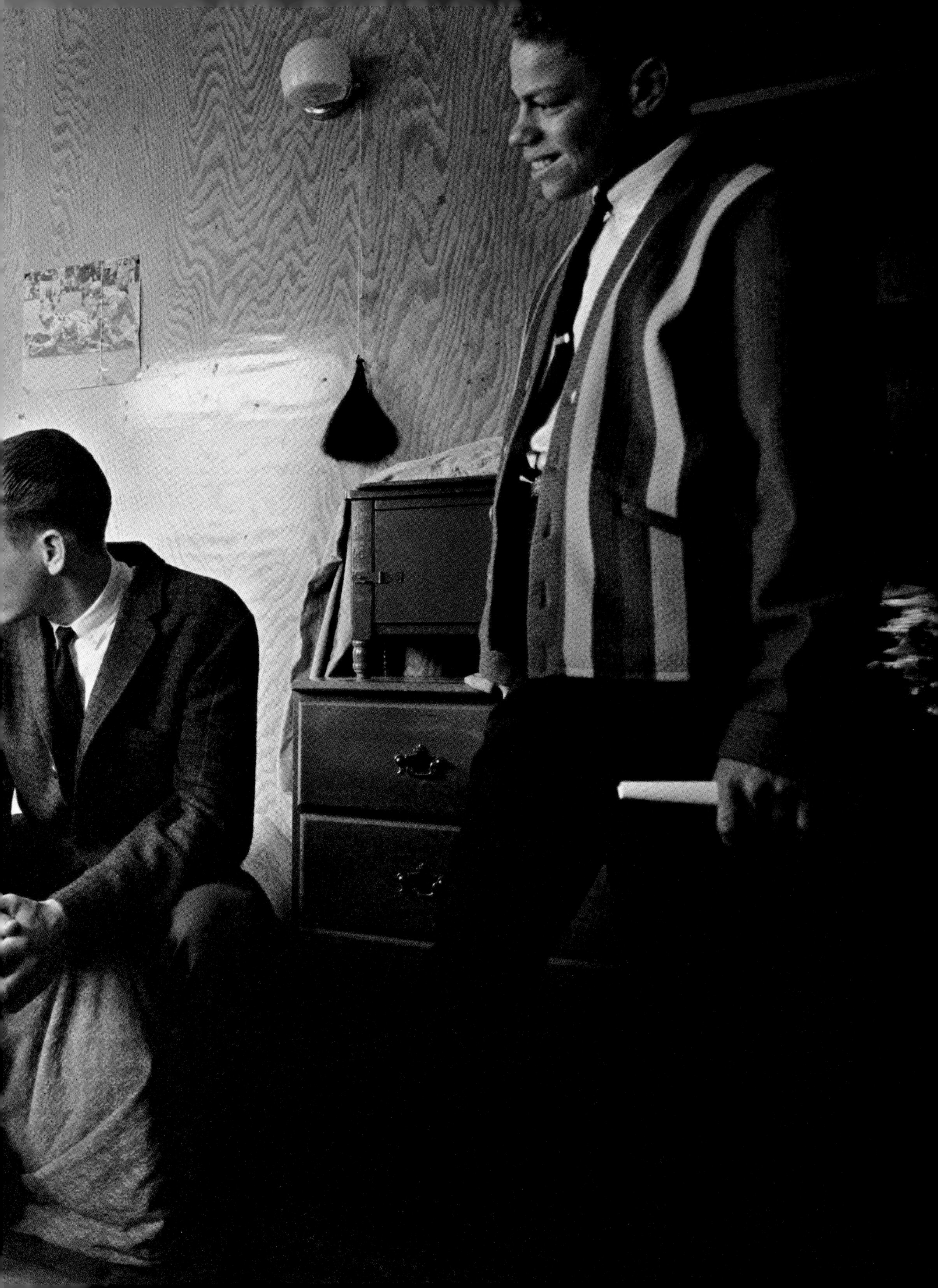

„Man sagte ihm nach, es sei schwierig, mit ihm zu arbeiten, und das stimmte auch. Er war ein schlauer Fuchs, der Unsicherheiten bei anderen sofort spürte und aufgriff. Einmal brauchten das Team und ich ewig lang mit den Vorbereitungen für eine wichtige Szene am Strand ... Ich wollte sie bei Sonnenuntergang drehen, wenn das Licht genau die richtige magische Note hätte. Schließlich waren wir bereit, doch Steve fehlte. Es stellte sich heraus, dass er ausgebüxt war und einen Kilometer weiter unten am Strand Kunststückchen mit seinem Dünenfahrzeug vollführte. Als er wieder am Set eintraf, war es schon zu spät. Ich war stinksauer, klaubte eine Feder aus dem Sand und steckte sie ihm an den Hut. Er fragte: „Was ist das denn?" „Eine Feder, weil der Häuptling immer eine Feder trägt." Er drehte die Szene mit uns, aber das Licht stimmte nicht mehr, und das Team zog ziemlich verärgert ab. Als der Film abgedreht war und ich im Flieger zurück nach Hollywood saß, gab mir die Stewardess ein Päckchen. Darin waren ein indianisches Stirnband mit einer Feder und ein Zettel von McQueen, auf dem stand: „Bist'n Supertyp, Mann."

Norman Jewison

Gegenüberliegende Seite:
McQueen beim Zelten.
Sierra Madre, Kalifornien

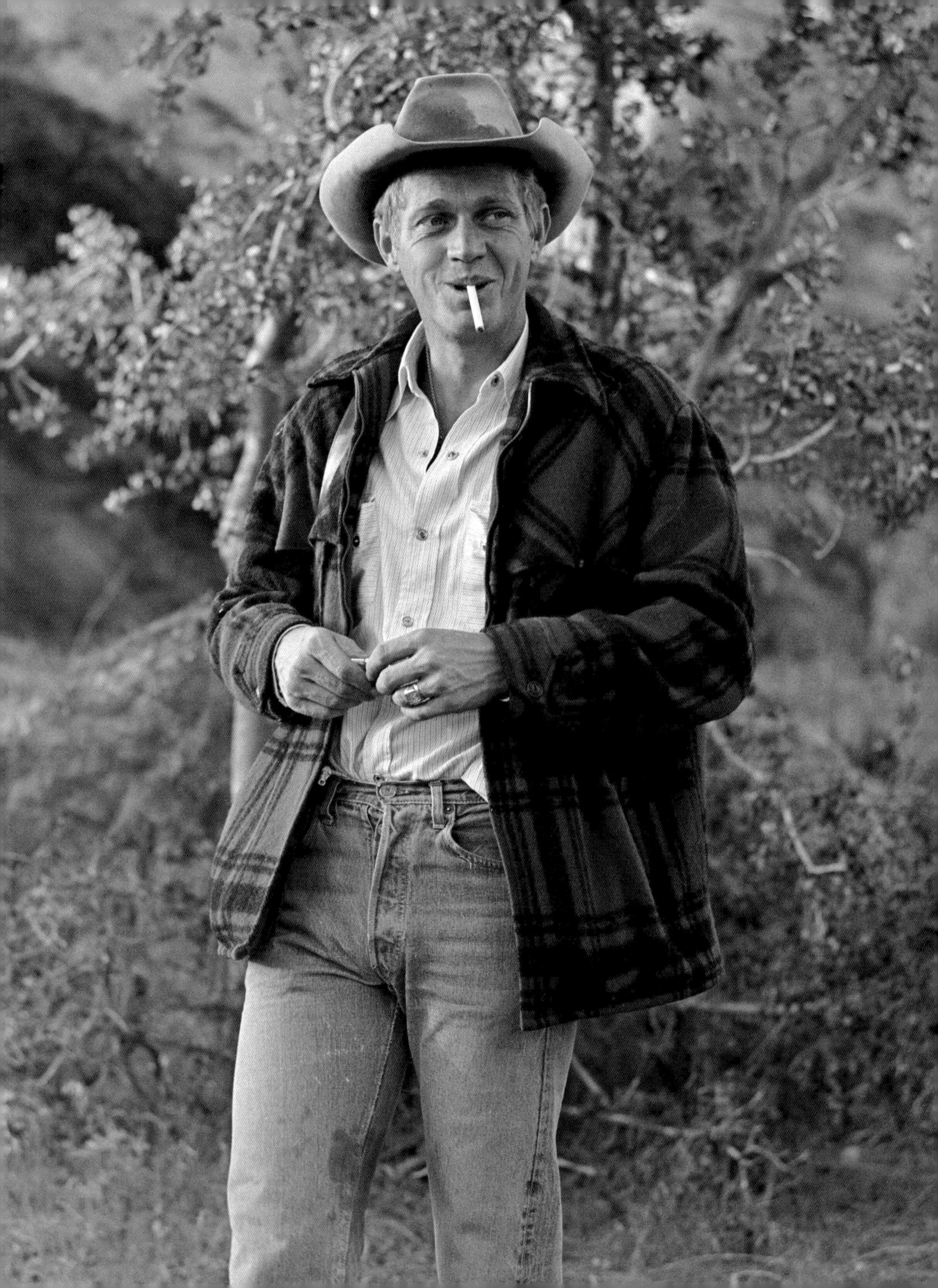

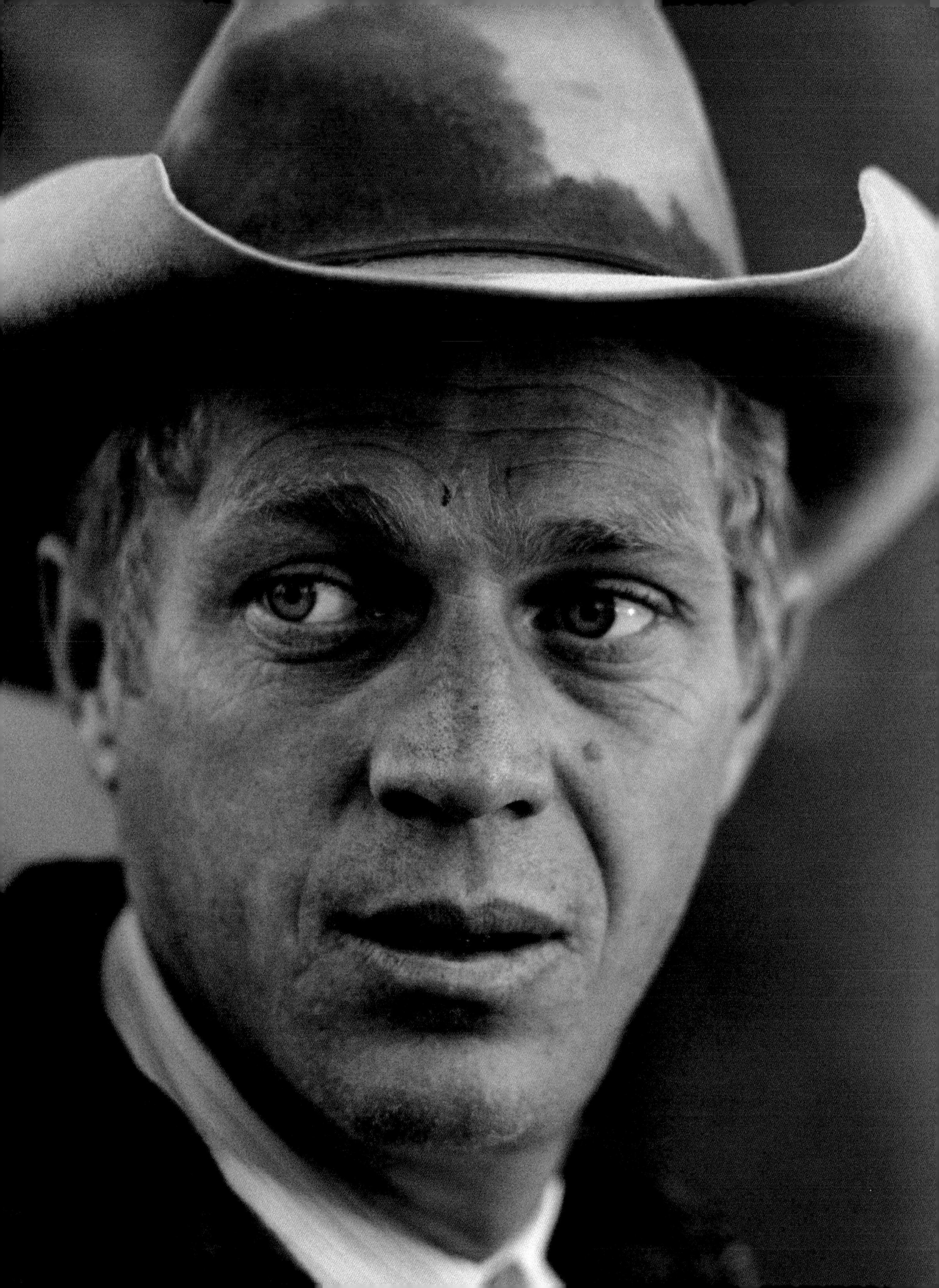

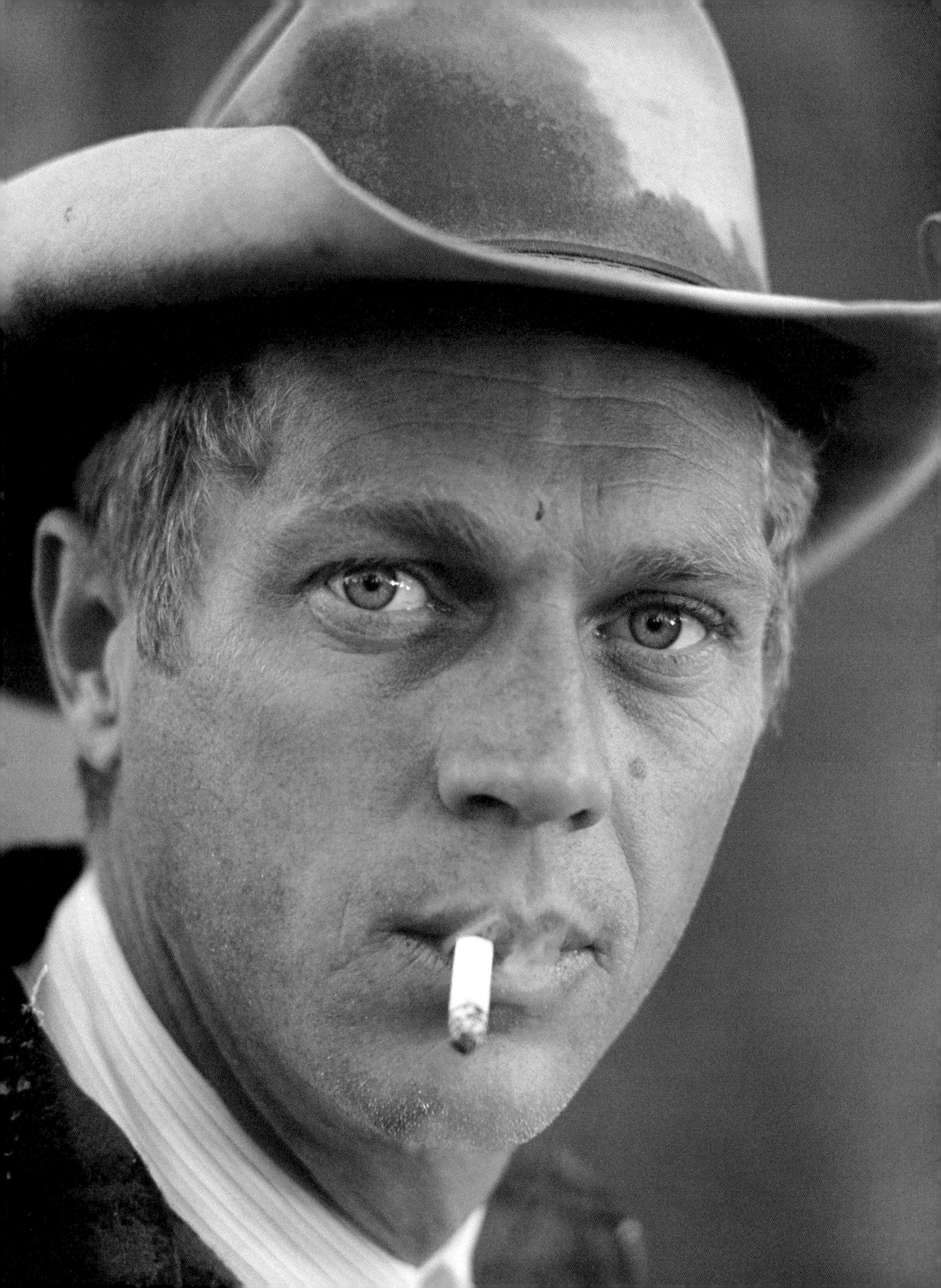

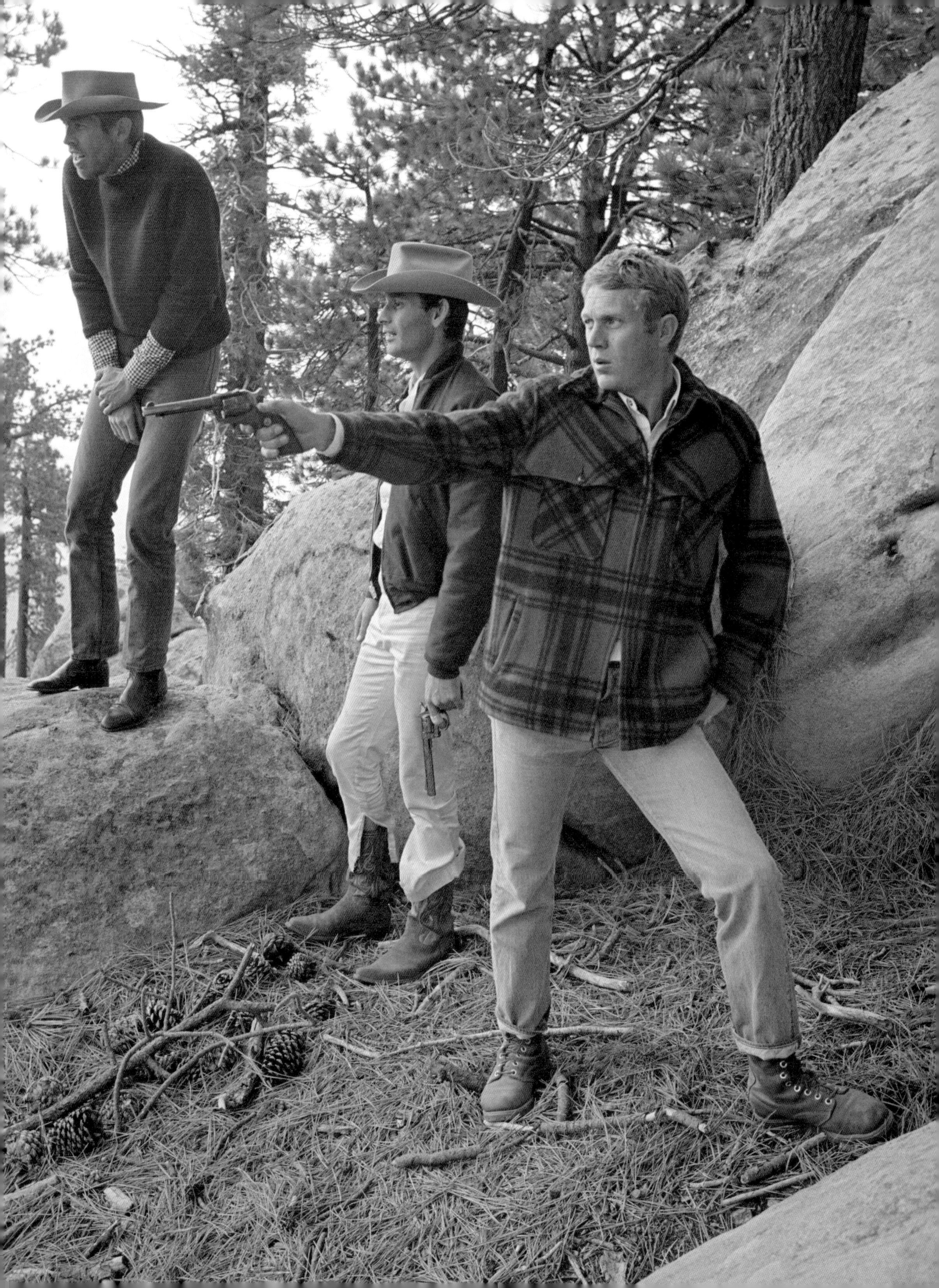

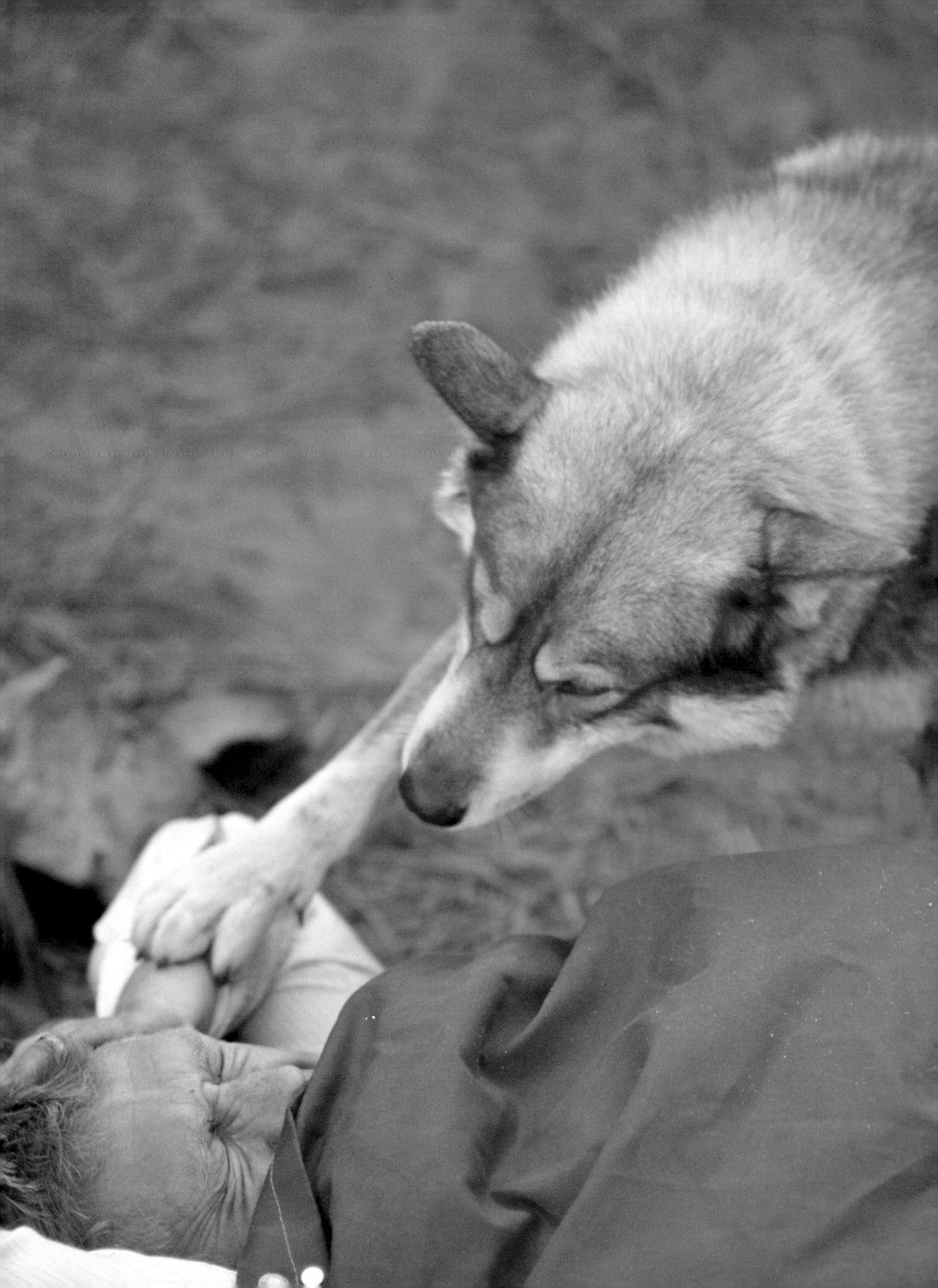

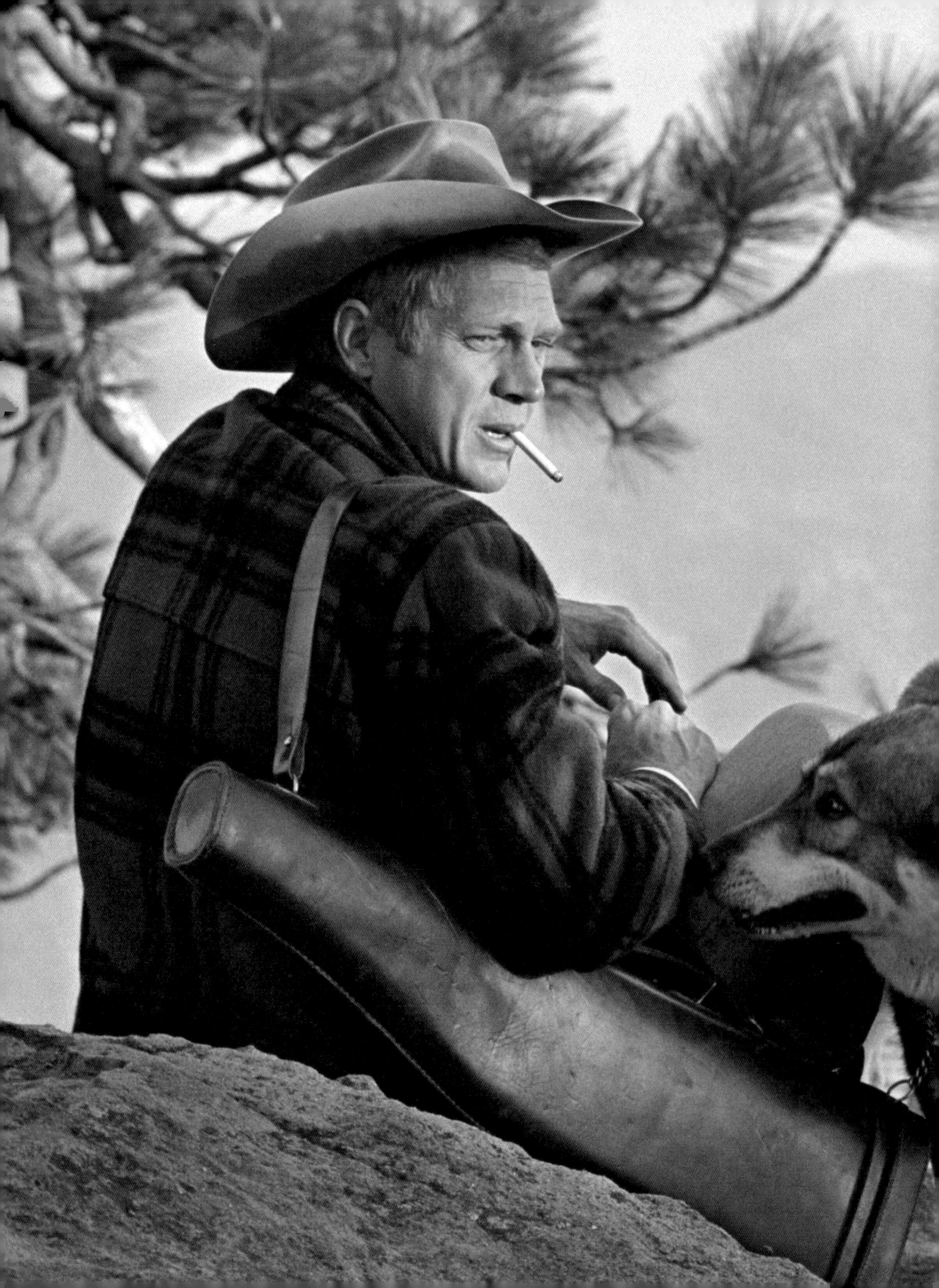

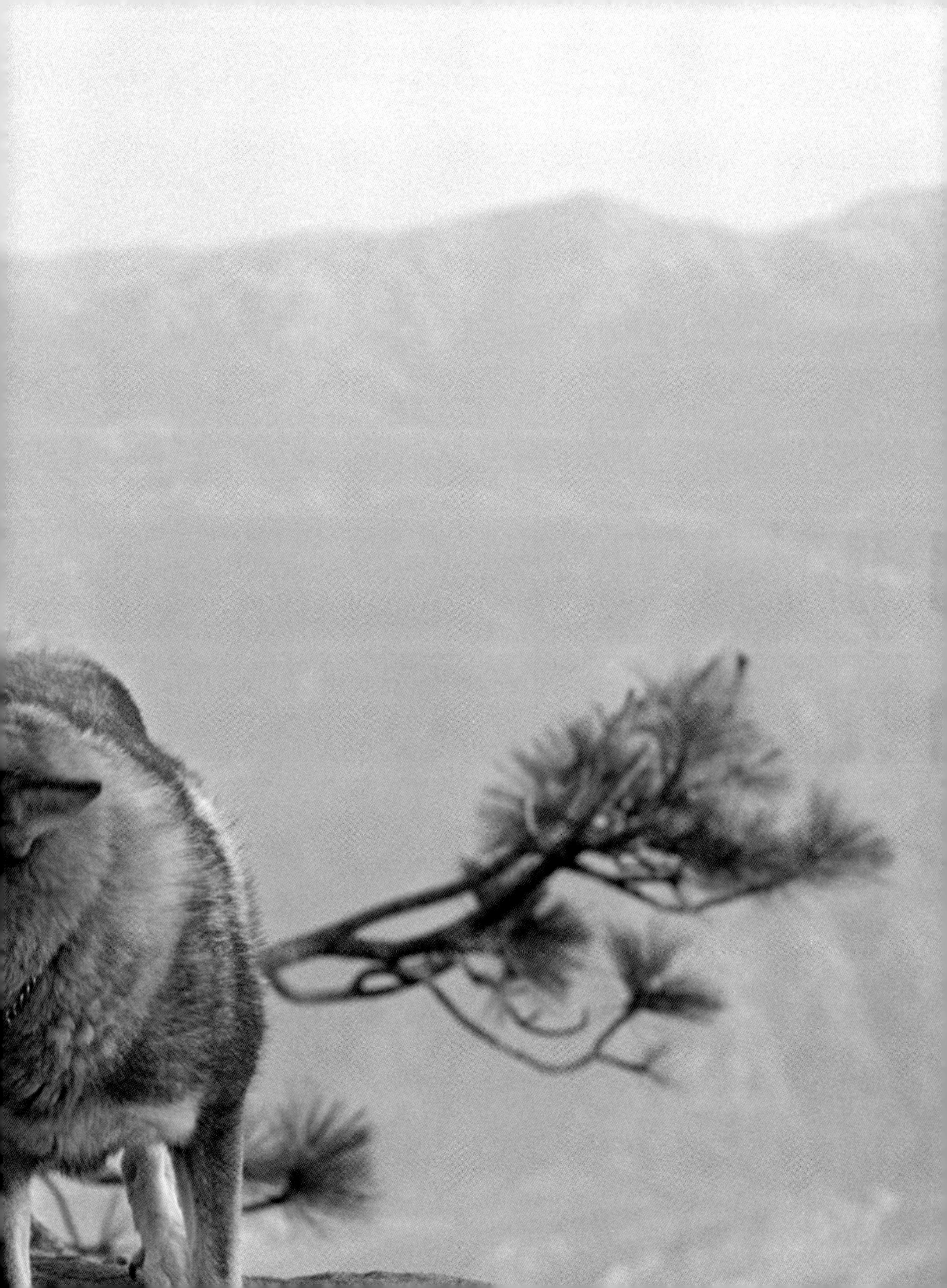

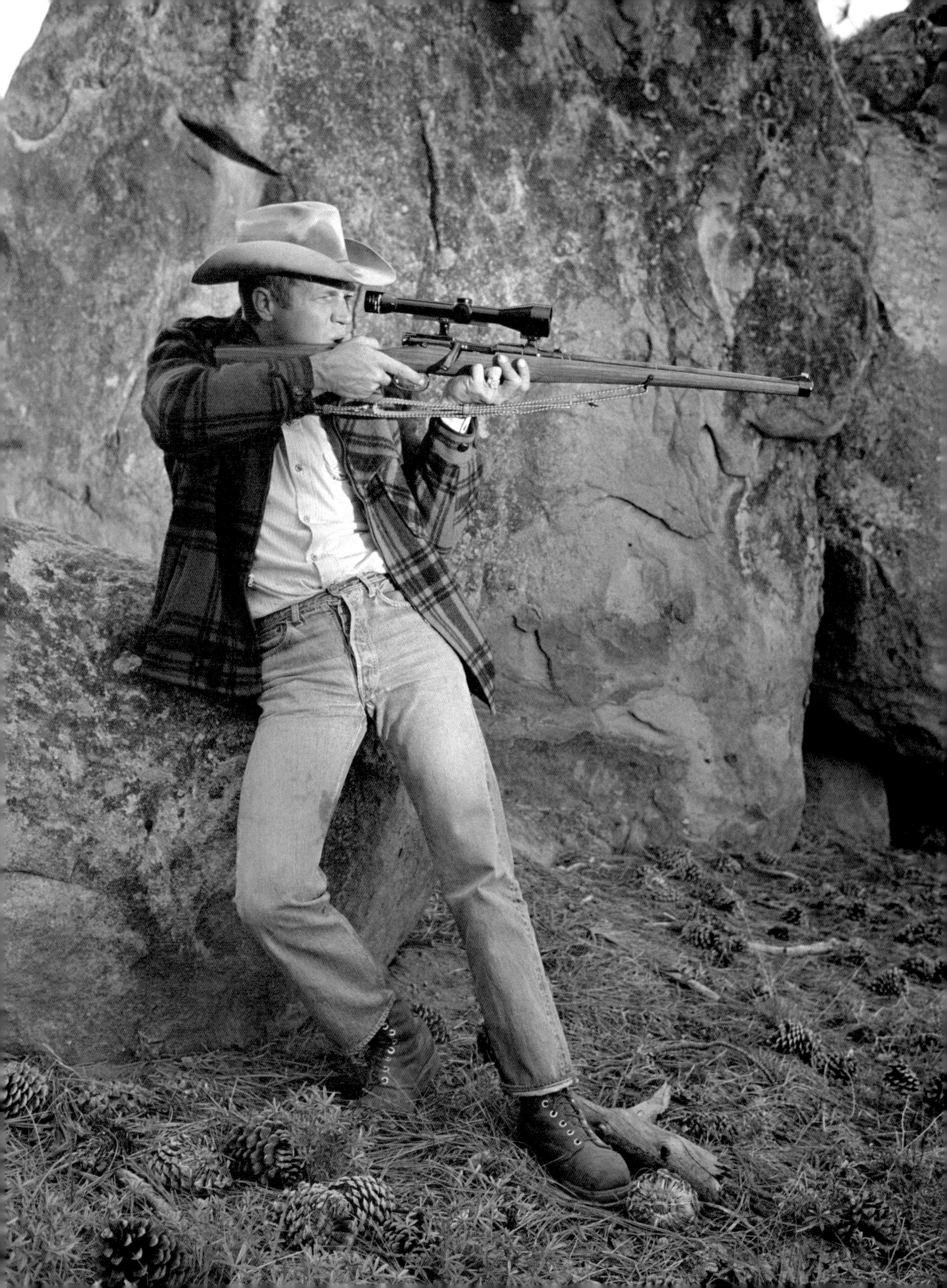

S. 104–105:
Portraitaufnahmen

S. 106:
Das Ziel im Blick

S. 107:
Weckruf

S. 108–109:
Jagdbereit

Gegenüberliegende Seite:
Auf der Jagd

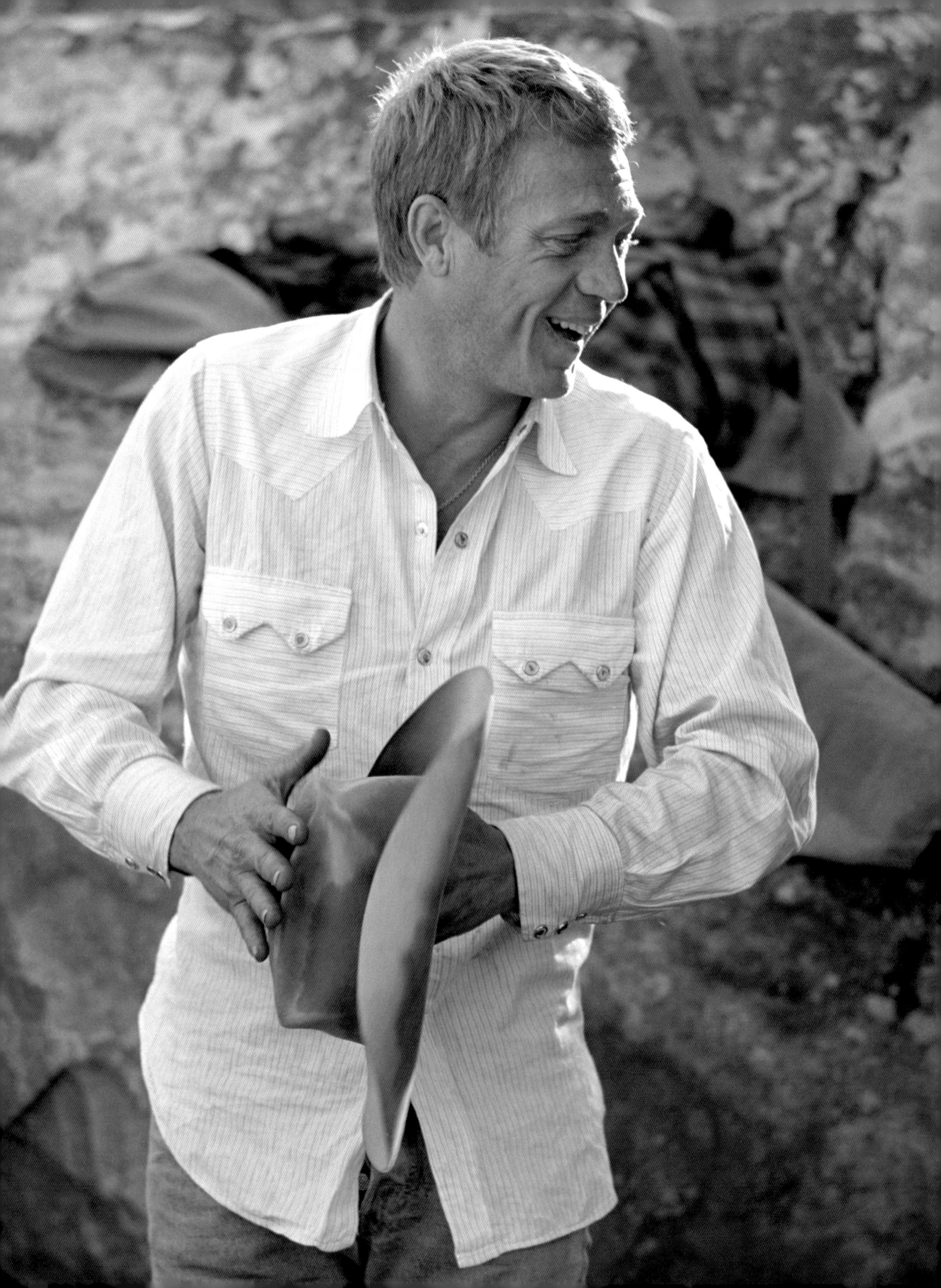

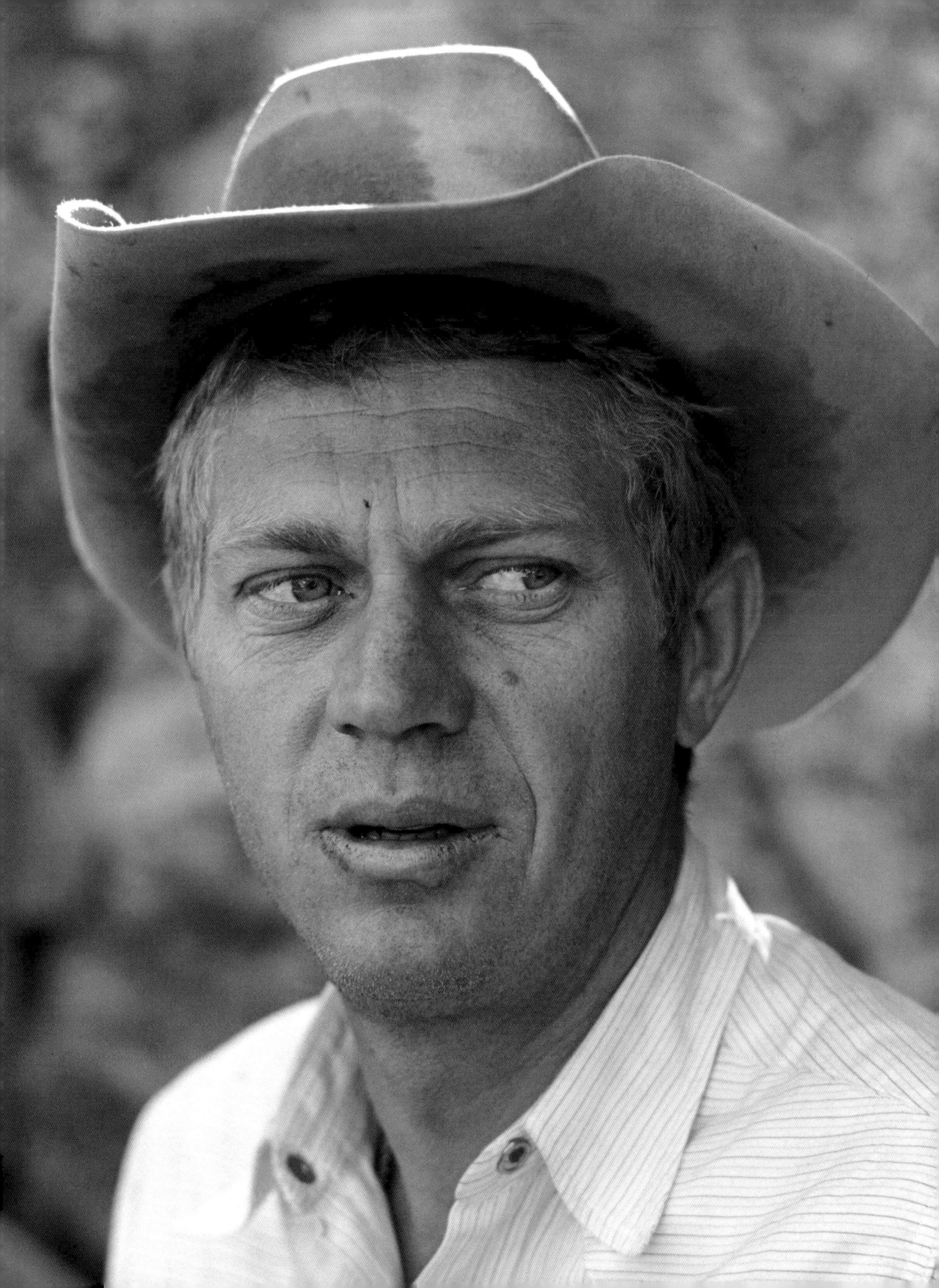

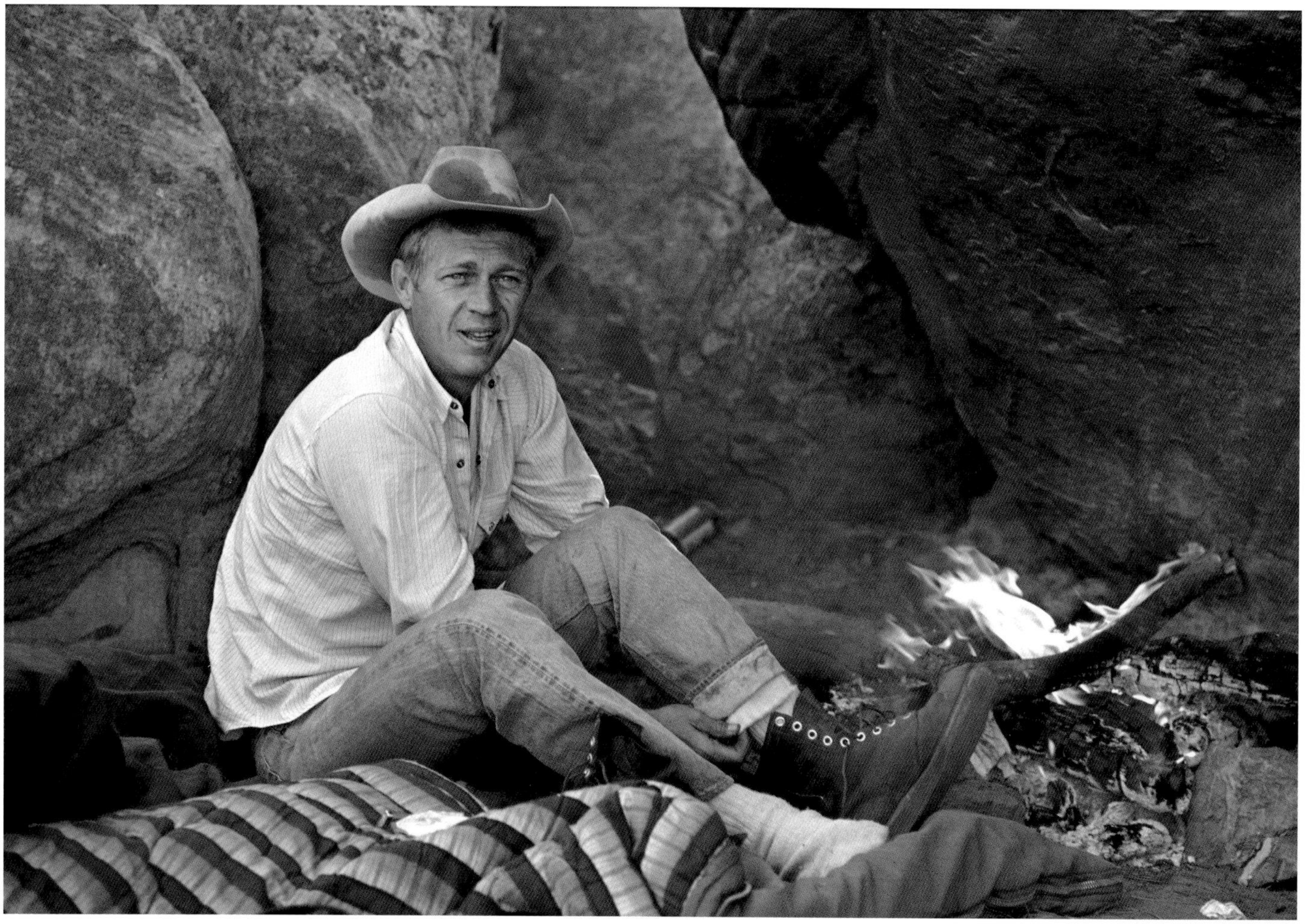

Vorhergehende Seiten und oben: Bei Tagesanbruch

Gegenüberliegende Seite: Nachschub für die Öllampe

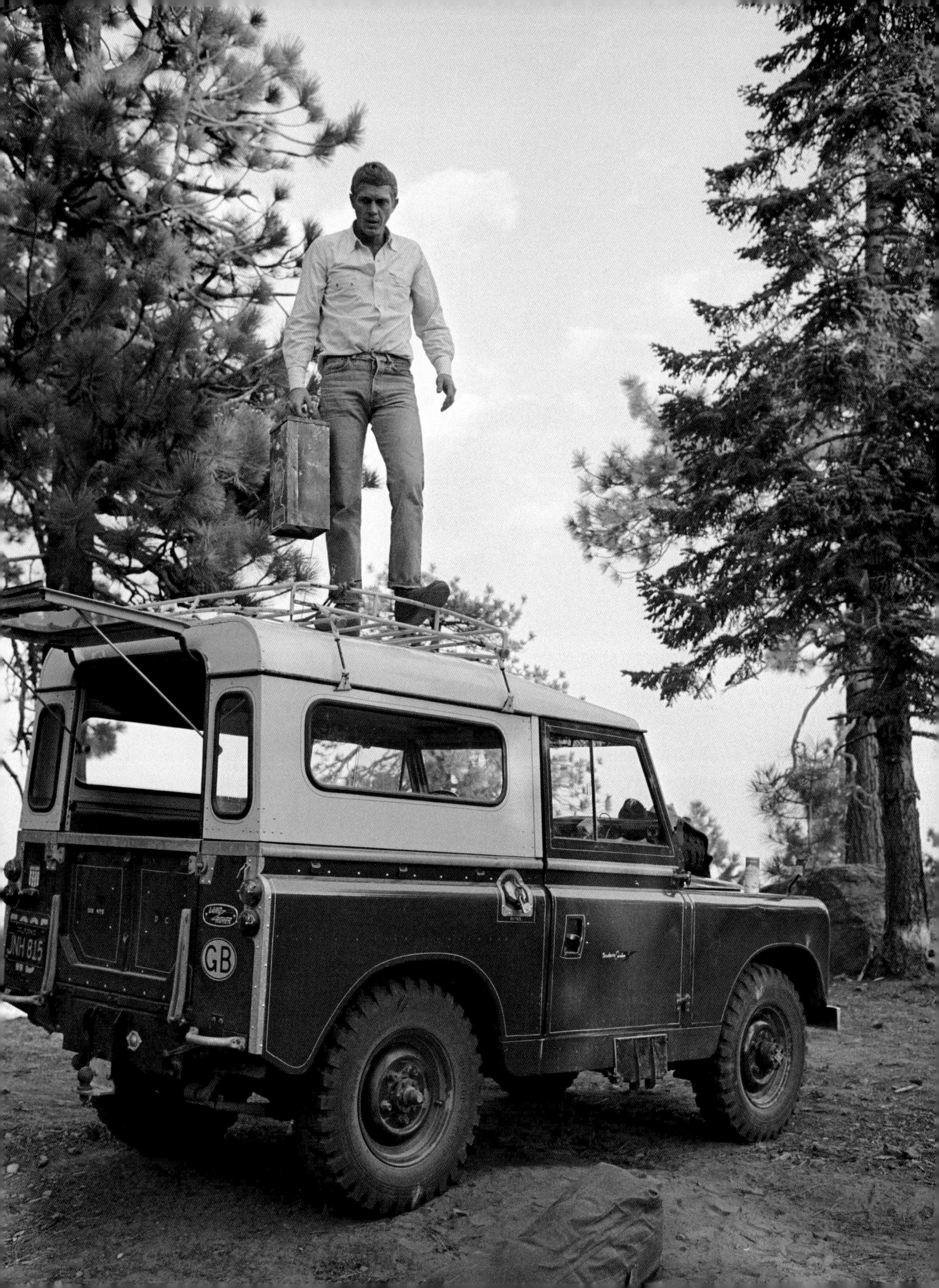
JNH 815
GB

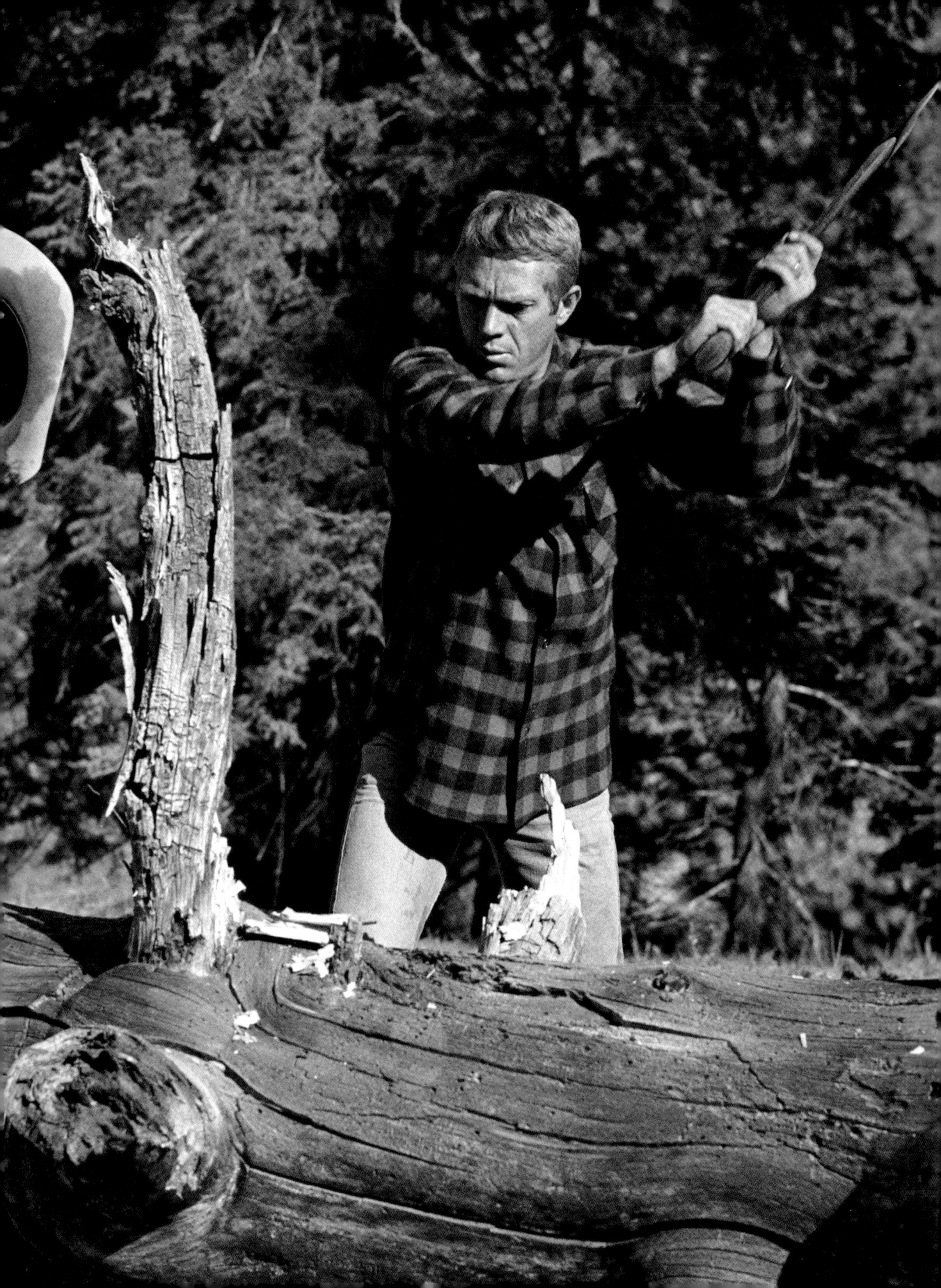

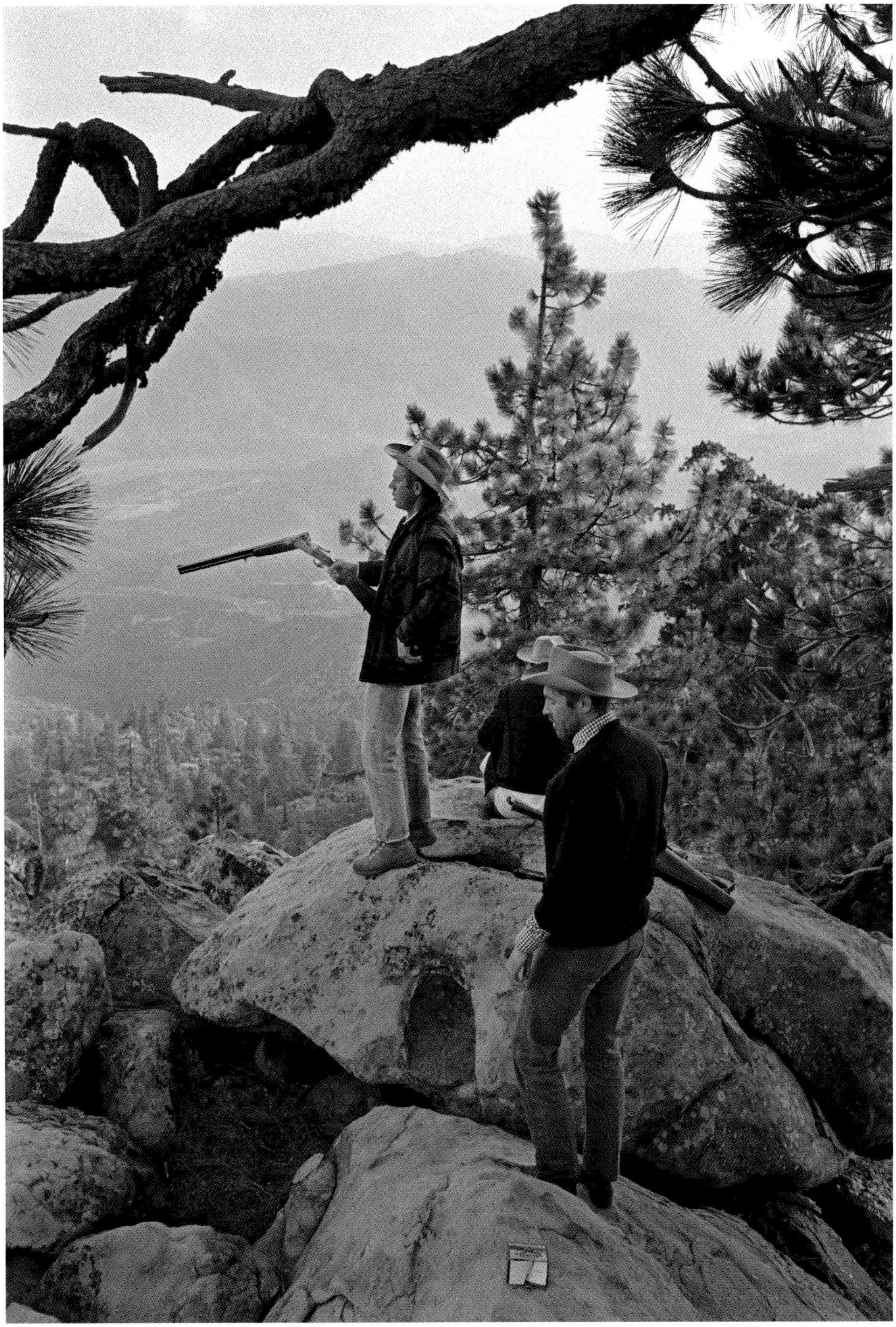

Gegenüberliegende Seite: Beim Brennholzhacken

Oben: Gewehr durchladen

Folgende Doppelseite: Späßchen mit Kumpel James Coburn

S. 120–121: Jägerlatein

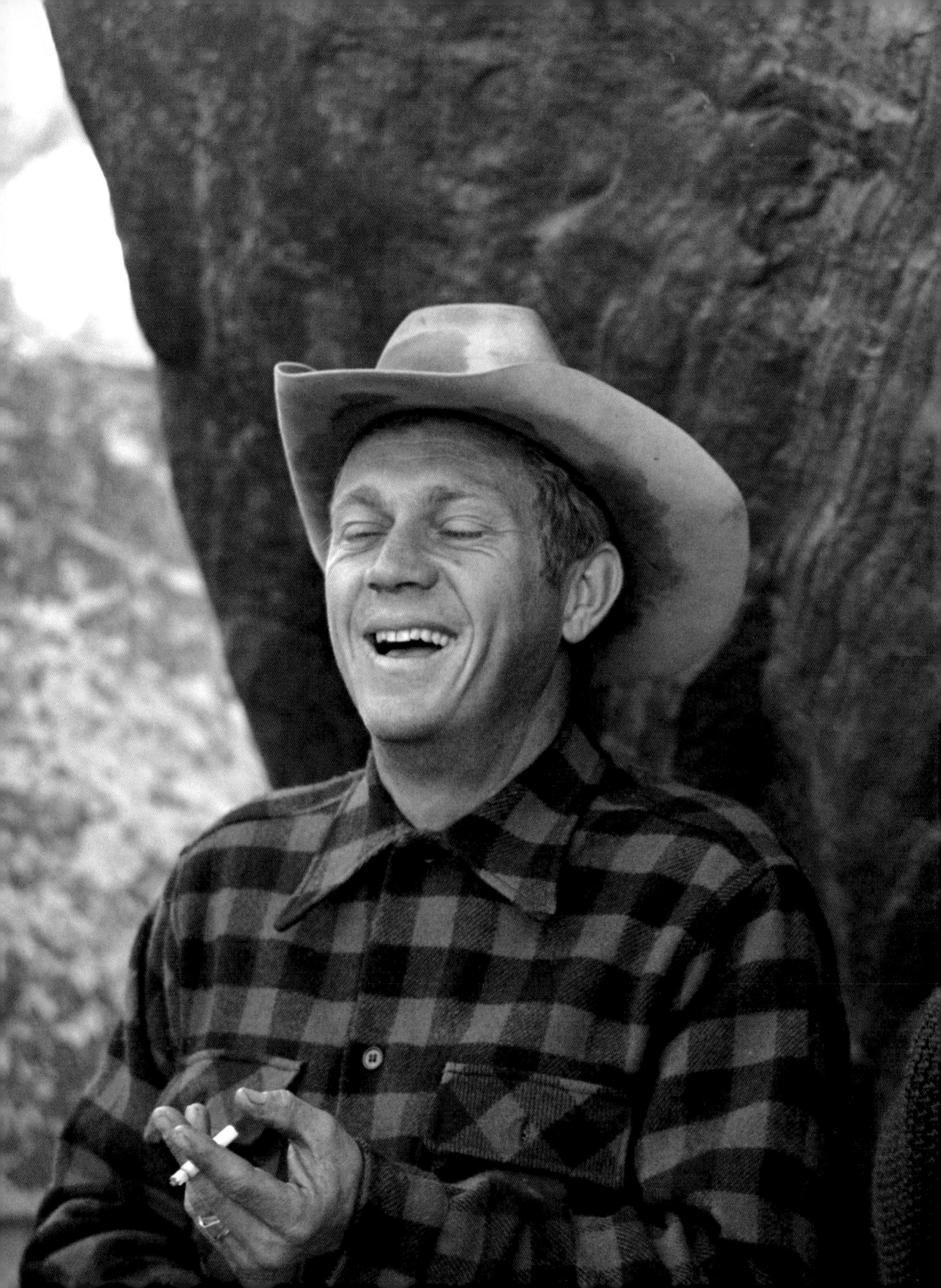

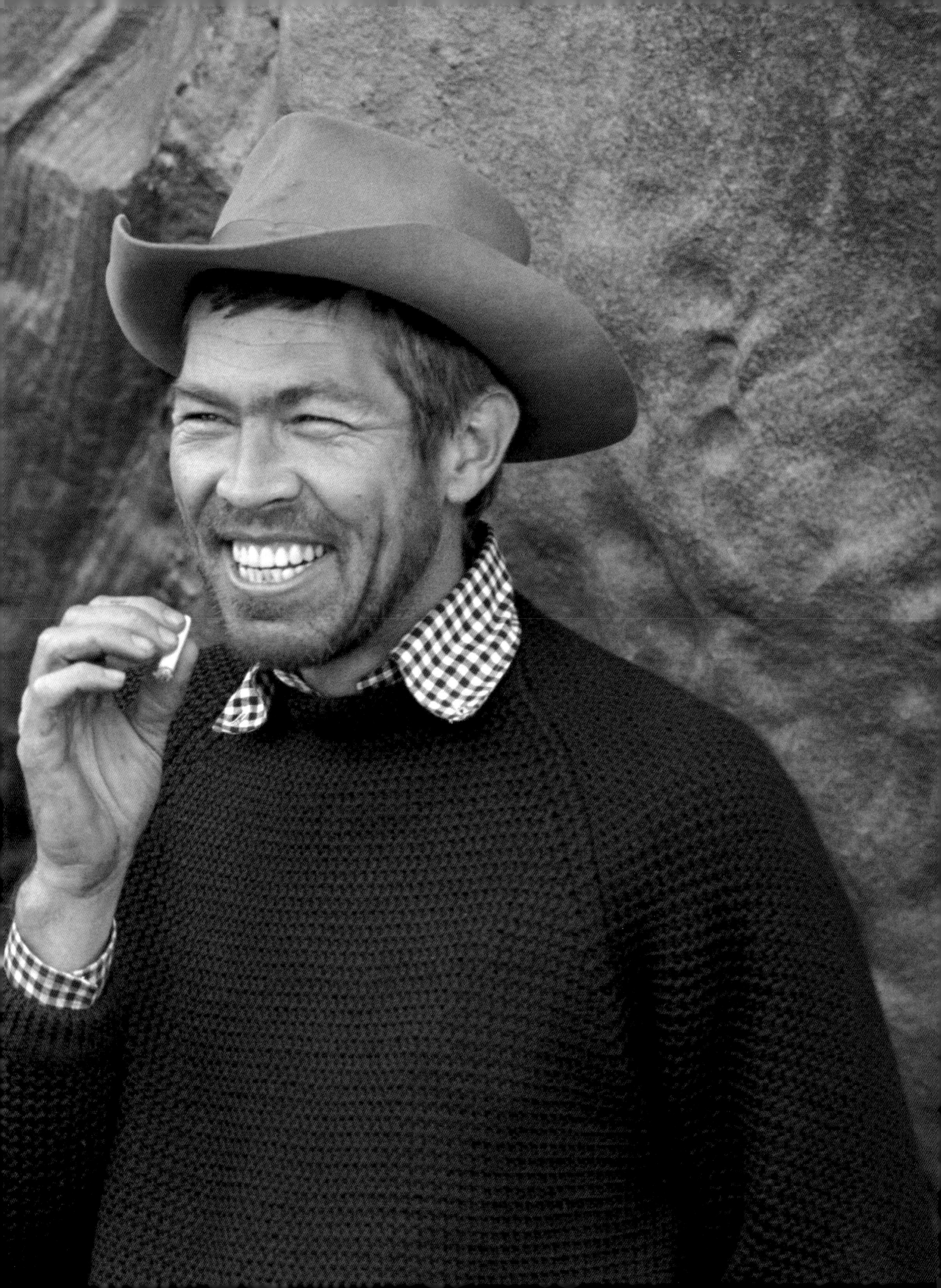

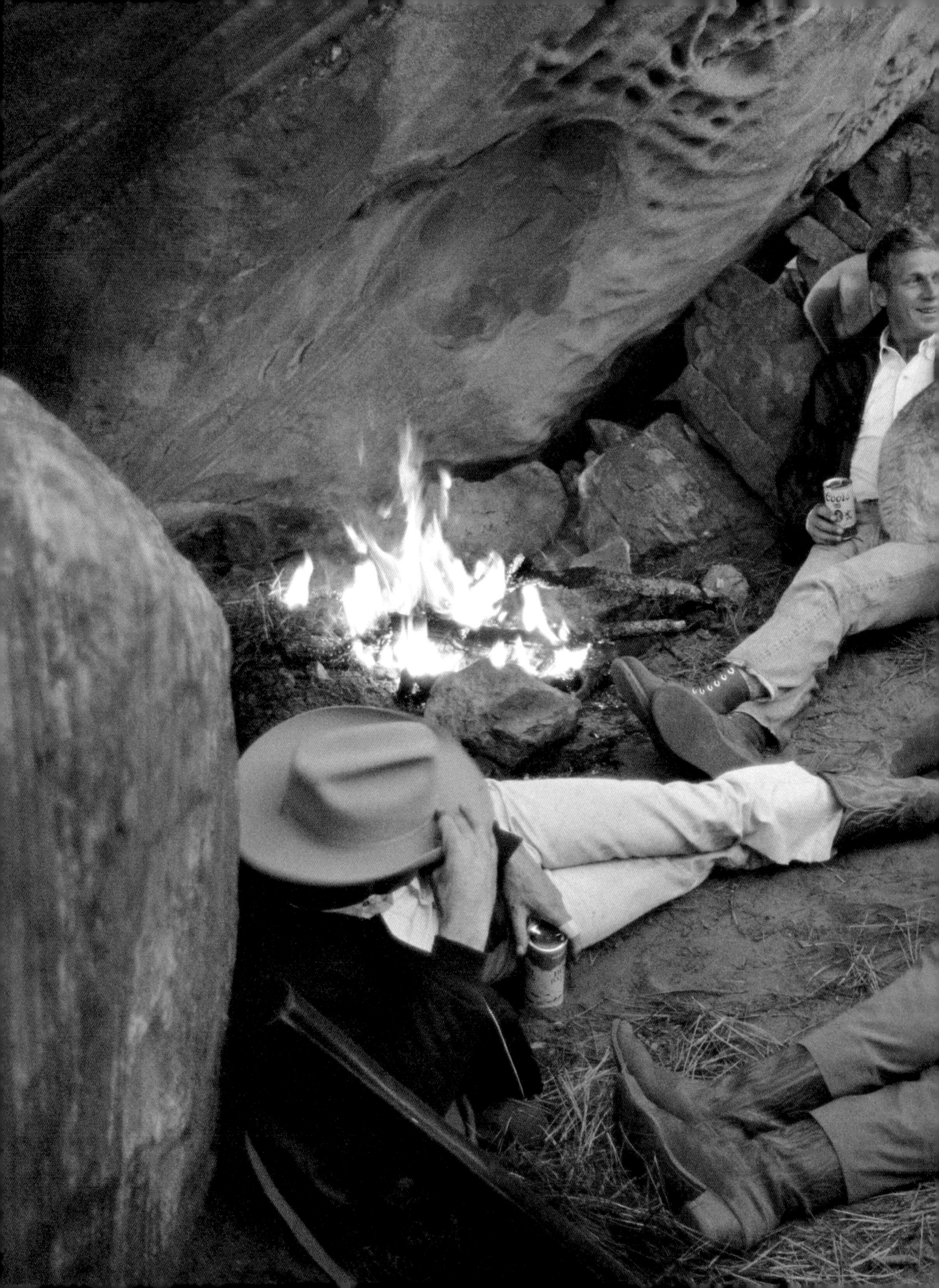

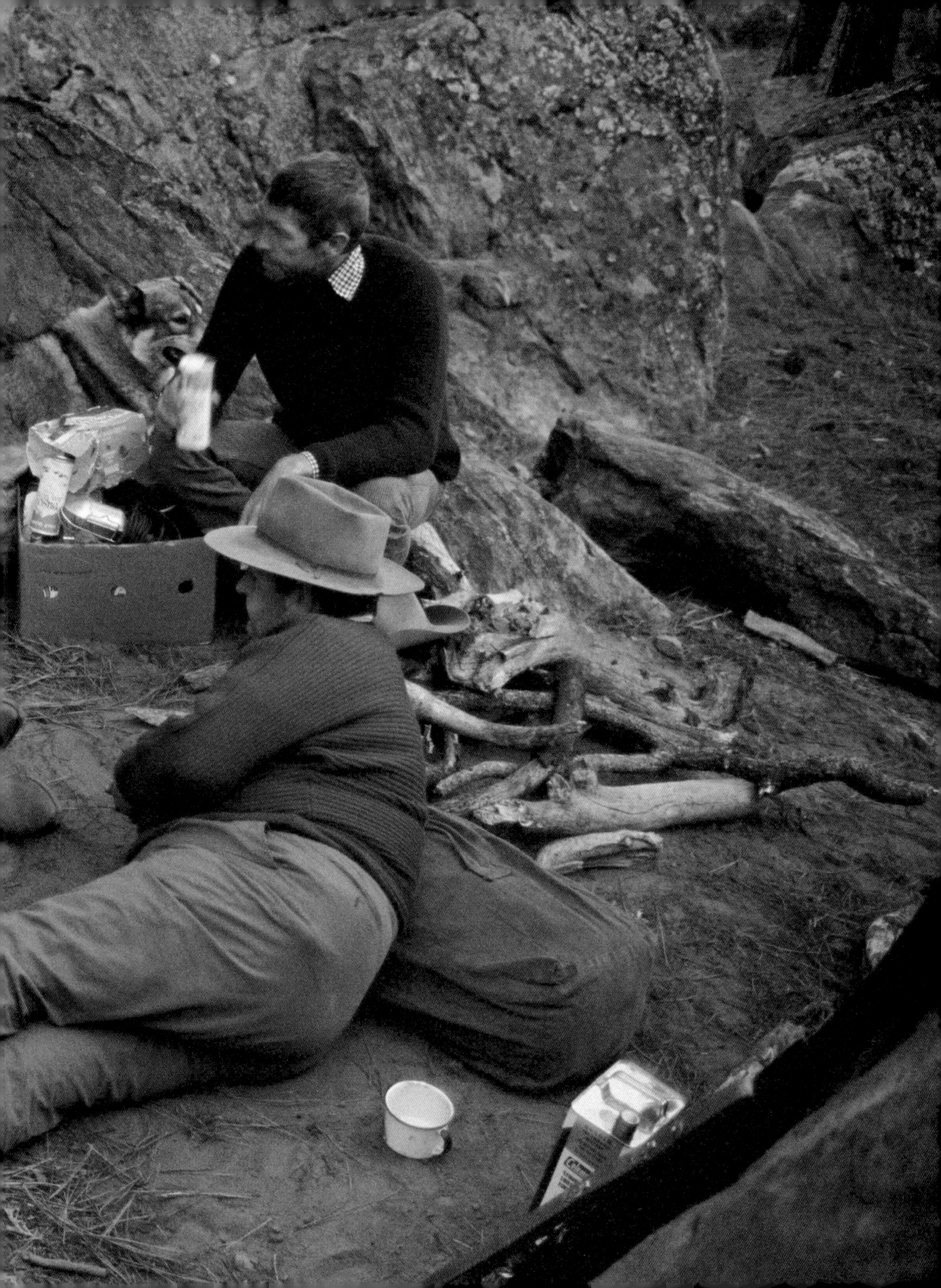

„Mit seinem Leben ging er um wie mit einer Harley Davidson, die man kauft und fährt, bis sie auseinanderfällt.
Er hat in sein Leben alles reingequetscht, was ging.
Er hätte eigentlich nichts zu betrauern gehabt, weil er alles nur Menschenmögliche daraus gemacht hat."

James Coburn

Gegenüberliegende Seite:
Portraitaufnahme. Hollywood, Kalifornien

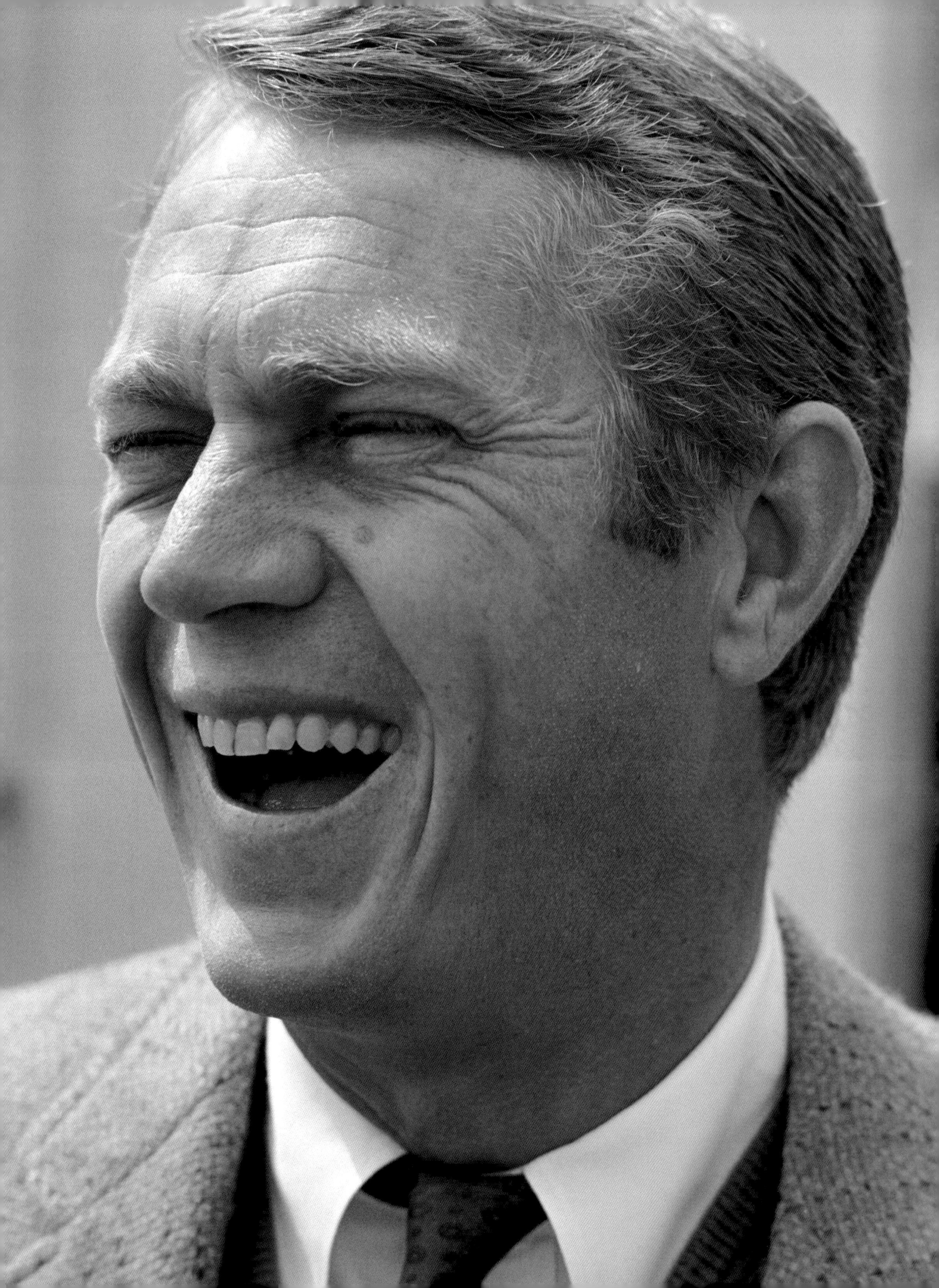

VERZEICHNIS DER FOTOGRAFIEN

66–67
McQueen im Wohnzimmer mit dem Pumafell

69
Neile und McQueen beim Kuscheln zu Hause

70
McQueen war ein großer Jazzliebhaber und begeisterter Plattensammler. Palm Springs, Kalifornien, Juni 1963

71
Beim Tanzen mit Neile zu einer Aufnahme von Jobim

72–73
Steve bei einer kleinen Rauferei mit seiner vierjährigen Tochter Terry in ihrem Haus in Hollywood

74
Vor dem Aufbruch zu einer festlichen Abendveranstaltung gibt Steve seiner Tochter Terry noch einen Gutenachtkuss. Hollywood, Kalifornien, Juni 1963

75
Vor einem offiziellen Anlass beim Frackverleih. Hollywood, Kalifornien

76–77
McQueen in seinem heißgeliebten Jaguar. Hollywood, Kalifornien

78
Autogramme auf dem Rücken jugendlicher Fans zu schreiben war Routine für McQueen. Hollywood, Kalifornien

79
McQueen lässt sich die Haare von Jay Sebring schneiden, dem eng mit ihm befreundeten, damaligen Topfriseur von Hollywood. Die Termine bei ihm wurden zu einem untrennbaren Bestandteil von Steves Leben

80
Steve wartet sichtlich frustriert, bis seine Frau Neile endlich mit dem Kleidereinkauf fertig ist. Hollywood, Kalifornien

81
McQueen blättert an einem Zeitschriftenständer in der neuesten Ausgabe von *Field & Stream*. Los Angeles, Kalifornien

83
Dieses Foto mit Neile zierte das Cover des *LIFE*-Magazins vom 12. Juli 1963 mit der Schlagzeile „Steve McQueen: Vom Problemjugendlichen zum Star"

84–85
Neile und Steve in der Thermalanlage von Big Sur. Big Sur, Kalifornien, Juni 1963

86
Bei Käse und Wein genießen die McQueens den Ausblick auf die Küste

88–89
McQueen nimmt zu Hause in Palm Springs seinen Revolver in Augenschein

91
Neile und McQueen beim Revolverschießen in der Wüste von Palm Springs

92–93
Vom Wind zerzaust zielt McQueen mit dem einen Revolver auf den anderen

94–95
Neile und McQueen beim Revolverschießen in der Wüste

96
McQueen und Neile Hand in Hand beim Wüstenspaziergang

98–99
In „Boys Republic", einem Heim für schwer erziehbare Jungen, wird McQueen für die Stiftung von Fördermitteln als Ehemaliger des Jahres geehrt. Chino, Kalifornien, Juni 1963

100–101
McQueen unterhält sich in seinem früheren Zimmer mit einigen derzeitigen Bewohnern des Heims

103
McQueen bei einem Zeltausflug in die Berge außerhalb von Los Angeles. Sierra Madre, Kalifornien, Juni 1963

104–105
Nahaufnahmen von McQueen bei seinem Zeltausflug

106
McQueen bei Zielübungen mit Freunden, dem Schauspieler James Coburn (ganz links) und Dave Resnik

107
McQueens Wecker beim Campen: Mike-The-Dog, sein Hund

108–109
McQueen behält seinen Hund an einer Felskante scharf im Auge

110
McQueen späht aufmerksam durch ein starkes Zielfernrohr

112–113
Portraitaufnahmen von McQueen

114
Morgens beim Anziehen am Lagerfeuer

115
McQueen auf seinem Landrover, seinem Transportvehikel für Ausflüge in die Berge und die Wüste

116
McQueen hackt Holz für das Lagerfeuer

117
McQueen und seine Freunde halten vom Gipfel Ausschau nach Zielobjekten

118–119
Ein heiterer Moment unter guten Freunden: McQueen und James Coburn, die insgesamt drei Filme miteinander drehten

120–121
McQueen und die übrigen Camper beim Geschichtenerzählen am Lagerfeuer in den Bergen der Sierra Madre

123
Steve McQueen. Los Angeles, Kalifornien, Juni 1963

FILMOGRAFIE

1953 *Girl on the Run*

1956 Eine Handvoll Dreck (*Somebody Up There Likes Me*)

1958 Der Gangsterkönig von New York (*Never Love a Stranger*)

Blob, Schrecken ohne Namen (*The Blob*)

1958–1961 Josh/Der Kopfgeldjäger (*Wanted: Dead or Alive*, TV-Serie mit 94 Folgen)

1959 *The Great St. Louis Bank Robbery*

Wenn das Blut kocht (*Never So Few*)

1960 Die glorreichen Sieben (*The Magnificent Seven*)

1961 Die Heiratsmaschine (*The Honeymoon Machine*)

Die ins Gras beißen (*Hell Is for Heroes*)

1962 Wir alle sind verdammt (*The War Lover*)

1963 Gesprengte Ketten (*The Great Escape*)

Verliebt in einen Fremden (*Love with the Proper Stranger*)

Soldier in the Rain

1965 Die Lady und der Tramp (*Baby the Rain Must Fall*)

Cincinnati Kid (*The Cincinnati Kid*)

1966 *Nevada Smith*

Kanonenboot am Yangtse-Kiang (*The Sand Pebbles*)

1968 Thomas Crown ist nicht zu fassen (*The Thomas Crown Affair*)

Bullitt

1969 Der Gauner (*The Reivers*)

1971 *On Any Sunday* (Dokumentarfilm über Motorradrennen)

Le Mans

Junior Bonner

1972 Getaway (*The Getaway*)

1973 *Papillon*

1974 Flammendes Inferno (*The Towering Inferno*)

1976 Dynamite Trio (*Dixie Dynamite*, nur Gastauftritt)

1978 Ein Feind des Volkes (*An Enemy of the People*; als Dr. Stockmann, auch Executive Producer)

1980 Ich, Tom Horn (*Tom Horn*)

1980 Jeder Kopf hat seinen Preis (*The Hunter*)

BIOGRAFIE

Terrence Steven McQueen,
geboren am 24. März 1930 in Slater, Missouri, gestorben am 7. November 1980.

Einer der beliebtesten und bestbezahlten Leinwanddarsteller der 60er und 70er Jahre und ein Mensch von faszinierender Widersprüchlichkeit: heroischer Antiheld, geselliger Einzelgänger und übersprudelnder Introvertierter. Nachdem sein Vater, ein Marineflieger, die Familie kurz nach Steves Geburt verlassen hatte, brachte er einen Teil seiner Kindheit in der Boys' Republic, einem Heim für schwer erziehbare Jungen in Chino, Kalifornien zu. Danach schlug er sich als Matrose, Holzfäller, Hilfsarbeiter auf einem Ölfeld, Ausrufer bei Kirmesveranstaltungen und Strandgutsammler durch. 1947 trat er in die Marine ein, verbrachte wegen unerlaubter Entfernung von der Truppe 41 Tage im Militärgefängnis und hielt sich nach seinem Ausscheiden aus dem Armeedienst weiter mit Gelegenheitsjobs als Hafenarbeiter, Kellner, Verkäufer und Fernsehtechniker über Wasser. 1952 nahm er am Neighborhood Playhouse in New York Schauspielunterricht bei Uta Hagen und Herbert Berghof und debütierte als Statist an einem jiddischen Theater in der Second Avenue. In der Folgezeit erweiterte er sein Repertoire, gehörte kurzzeitig dem Actors Studio an und ersetzte 1955 schließlich Ben Gazzara in der Broadwayproduktion *Hatful of Rain*. Bei seinem Filmdebüt im Jahr darauf spielte er eine kleine Rolle in *Eine Handvoll Dreck*. 1958 erhielt er die Hauptrolle in dem Science-Fiction-Kultklassiker *Blob, Schrecken ohne Namen* und wurde im selben Jahr zum Star der Fernsehserie *Wanted: Dead or Alive* (deutsch: Josh/Der Kopfgeldjäger).

In den frühen 60er Jahren gewann er als Filmschauspieler zunehmend an Beliebtheit. Der endgültige Durchbruch gelang ihm 1963 mit dem Film *Gesprengte Ketten*, in dem er einen supercoolen Kriegsgefangenen spielte und bei einem Ausbruchversuch in einer spektakulären Motorradverfolgungsjagd zu sehen ist. Als leidenschaftlicher Anhänger des Motorsports in all seinen Facetten ließ sich McQueen auch bei den waghalsigsten Szenen nicht doubeln. Er gehörte zu der seltenen Gattung von Filmstars, die nicht schauspielern oder irgendetwas Besonderes tun mussten, um ein Kinopublikum in Bann zu schlagen. Allein kraft seiner Persönlichkeit beherrschte er die Leinwand und füllte die Kinokassen. Nach seinem plötzlichen Tod infolge eines Herzanfalls im Alter von 50 Jahren in Juarez, Mexiko, wo er sich wegen Brustfellkrebs einer Operation unterzogen hatte, wurde jedoch auch die Kehrseite seiner Persönlichkeit offenbar. In *My Husband, My Friend* (1986), den freimütigen und bitteren Memoiren seiner ersten Frau, der Schauspielerin Neile McQueen Toffel, mit der er von 1956–1971 verheiratet war und zwei Kinder hatte, beschreibt sie ihn als unsicheren und selbstzerstörerischen Menschen, der zu Brutalität und nahezu mörderischen Wutanfällen neigte. McQueens zweite Frau (von 1973–1978) war die Schauspielerin Ali McGraw, seine dritte, in den letzten neun Monaten vor seinem Tod, das Model Barbara Minty. Für seine Rolle in *Kanonenboot am Yangtse-Kiang* (1966) erhielt er eine Oscarnominierung.

DANKSAGUNG

Verglichen mit Filmen, wo im Nachspann Hunderte von Mitwirkenden genannt werden, ist die Buchproduktion Heimarbeit.

Wenn Fotografen Schauspieler ablichten, fordern sie sie oft zum Schauspielern auf. John Dominis war so klug, ein entspanntes Ambiente zu schaffen, sich zurückzuhalten und auf Momente zu warten, in denen Steve McQueen ganz er selbst war. John weiß genau, wann seine Modelle etwas von sich preisgeben, und setzt sie exquisit ins Bild, darin besteht die Kunst des Fotografen. Wir schulden ihm Dank dafür, dass er uns seine Kunst, seine gute Laune und seine Unterstützung unablässig zur Verfügung gestellt hat. Anne Hollister hat mit ihrer fundierten Kenntnis und genauen Beurteilung von Johns Werk stets wertvolle Vorschläge gemacht.

Wir hatten das Glück, mit M.C. Marden eine hervorragende Bildlektorin zu gewinnen. Ihr scharfes Auge entdeckte viele fotografische Kostbarkeiten und egal, was wir brauchten, sie fand es problemlos im riesigen *Life*-Archiv. Regina Feiler, Leiterin der Picture Collection, und Amy Wong von der *Life* Gallery of Photography halfen uns dankenswerterweise bei der Suche nach den Fotos und sorgten dafür, dass wir die bestmöglichen Reproduktionen von den Negativen bekamen. Im weiteren Verlauf des Projekts machte John Loengard wertvolle Vorschläge, Ian Denning gab dem Buch sein elegantes Design. Neile McQueen Toffel war so freundlich, in die Vergangenheit zurückzugehen und aus dem Leben auf der anderen Seite der Kamera zu erzählen.

Der Großmeister der Fotobücher, Lothar Schirmer, hat sich mit nie versiegendem Enthusiasmus für *McQueen* engagiert, wofür wir ihm nur danken können.

Bob Adelman

Bildlektorat: M.C. Marden

Buchproduzent: Bob Adelman

Scans: Stephen Watt and Duggal

Printed in China

ISBN: 978-3-8296-0412-3
www.schirmer-mosel.com

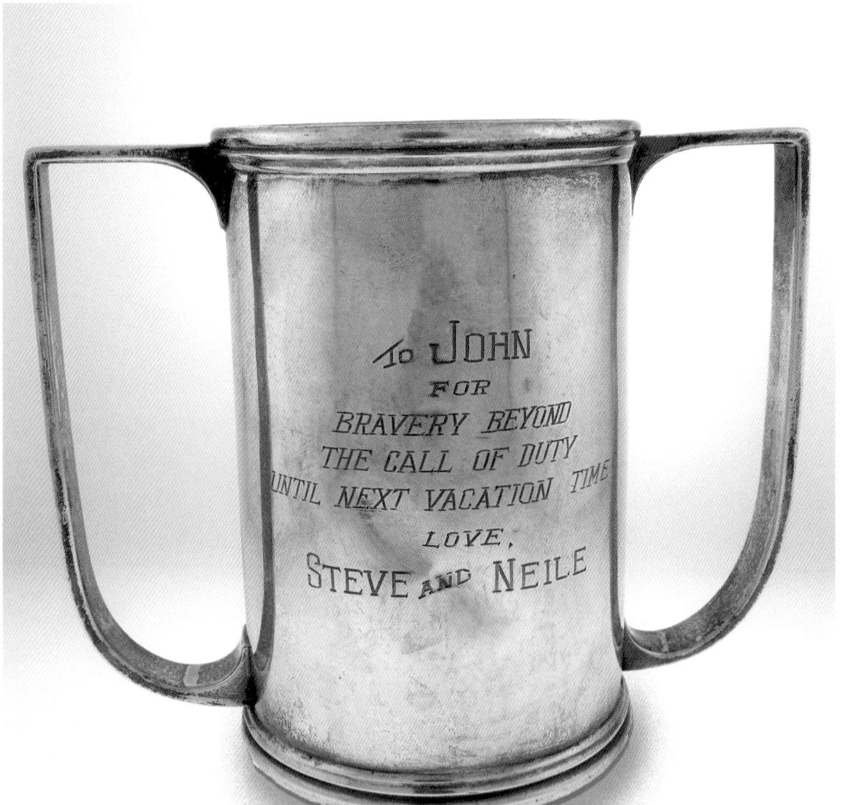

Renntrophäe, die John Dominis von den McQueens nach der Veröffentlichung der Fotos in *Life* zugeschickt wurde.